TRILOGIA:
Apometria e Umbanda

Vozes de Aruanda

TRILOGIA:
Apometria e Umbanda
RAMATÍS

Vozes de Aruanda
Norberto Peixoto

2ª edição / Porto Alegre-RS / 2024

Capa e projeto gráfico: Marco Cena
Revisão: Gaia Revisão Textual
Produção editorial: Bruna Dali e Maitê Cena
Assessoramento gráfico: André Luis Alt

Dados Internacionais de Catalogação na Publicação (CIP)

P379v   Peixoto, Norberto
Vozes de aruanda. / Norberto Peixoto. – 2.ed. Porto Alegre: BesouroBox, 2024.
192 p. ; 16 x 23 cm

ISBN: 978-65-88737-65-1

1. Religião. 2. Umbanda. 3. Mediunidade. I. Título.

CDU 299.6

Bibliotecária responsável Kátia Rosi Possobon CRB10/1782

Direitos de Publicação: © 2024 Edições BesouroBox Ltda.
Copyright © Norberto Peixoto, 2024

Todos os direitos desta edição reservados a
Edições BesouroBox Ltda.
Rua Brito Peixoto, 224 - CEP: 91030-400
Passo D'Areia - Porto Alegre - RS
Fone: (51) 3337.5620
www.legiaopublicacoes.com.br

Impresso no Brasil
Março de 2024

Como o interno, assim é o externo; como o grande, assim é o pequeno; como é acima, assim é embaixo: só existe uma vida e uma lei, e o que atua é único. Nada é interno, nada é externo; nada é grande, nada é pequeno; nada é alto, nada é baixo na economia divina
(*Axioma hermético*).

Não importa a forma dada à argila moldada; a realidade do objeto permanece sendo argila, seu nome e sua forma sendo apenas aparências transitórias. Assim também todas as coisas, tendo se originado no Uno Supremo, são por isso o Supremo em sua natureza essencial
(*Axioma hermético*).

Desde o mais elevado ao mais inferior, do mais vasto ao mais diminuto, os infinitos fenômenos do Universo são o Uno, revestido pelo nome e pela forma
(*Sri Sankaracharya – expoente da tradição védica*).

Sumário

Aruanda 9

Trilogia "Apometria e Umbanda" – conclusão 11

Preâmbulo de Ramatís 15

Prefácio à segunda edição 19

Parte 1: Instrumentos da magia 21

1. A grande iniciação (pelo Espírito Babajiananda) 23

2. O mentalismo e a mediunidade 43

3. Relato de caso 1 59

4. Pontos de fixação mental na Umbanda 63

5. Atos ritualísticos na dinâmica apométrica 71

6. Relato de caso 2 79

7. Relato de caso 3 83

Parte 2: A consciência dos planos vibratórios e terapêutica apométrica 87

8. Viciação mental-emocional 89

9. Relato de caso 4 119

10. Relato de caso 5 125

11. Complexos psíquicos e imagens mentais 129

12. Relato de caso 6 135

13. Percepções supraconscientes 139

14. Os Espíritos da natureza 155

15. Microprocessadores astral-etéricos 163

Parte 3: Demais relatos de casos 167

16. Relato de caso 7 169

17. Relato de caso 8 175

18. Relato de caso 9 183

Referências 187

Aruanda

No dicionário brasileiro *Michaelis* (2022), encontramos a seguinte definição para o termo "aruanda" (ou "aluanda"): "No candomblé, na Umbanda e na quimbanda, paraíso onde vivem os Orixás e outras entidades desses cultos". No entanto, é preciso ressaltar que os Orixás são emanações do Todo cósmico, aspectos peculiares da Divindade Una que se manifestam em nosso Universo por sutis vibrações, sendo imanentes e onipresentes aos planos dimensionais do Cosmo e aos seres vivos que neles habitam, portanto, logicamente, não são consciências individualizadas. Do mesmo modo, não habitam nenhum corpo sutil e muito menos incorporam, por serem vibrações manifestadas diretamente do "hálito" de Deus, sendo a imanência e a onipresença "qualidades" particulares do Divino.

Informam-nos os amigos espirituais que Aruanda, uma terminologia comum nos terreiros, designa as colônias espirituais do plano astral superior ligadas à Umbanda, plasmadas pela Alta Confraria Cósmica que deu origem a esse movimento na Terra, com a permissão direta do governador planetário, o Cristo-Jesus. Objetiva abrigar os Espíritos que têm como tarefa dirigir a Umbanda, com as formas astrais de Pretos(as) Velhos(as), Caboclos(as) e Crianças. Assim, existem enormes cidades espirituais, como as do Antigo Egito, que abrigam os Pretos(as) Velhos(as), e gigantescas tribos de silvícolas que habitam planaltos e montanhas de mata verdejante, entre rios e lagos de riquíssima fauna e flora inexistentes na Terra. Todas essas coletividades espirituais do Além contam com muita tecnologia que, por enquanto, ainda não nos é permitido conhecer, inclusive com estações interplanetárias de extraterrestres que suportam a constante movimentação de naves de outras estrelas, de civilizações que estão auxiliando na evolução deste diminuto planeta azul.

Trilogia
"Apometria e Umbanda" – conclusão

Salve, mizi fios!

Hoje esta Preta Velha vai falar de maneira articulada, de acordo com a psicologia transpessoal da Nova Era, adequada aos esforçados leitores espiritualistas.

A psicologia do terreiro, no seu linguajar popular, é para que atinjamos os Espíritos dos simples, mesmo alguns semianalfabetos. Um homem do povo, brasileiro, diante de uma "dôtora", ou erudita abadessa, exímia psicóloga do autoconhecimento, de português aprimorado na escrita e na oralidade, ficará inibido, não abrindo o seu coração. Por isso, nos apresentamos como uma vovó preta nos terreiros e uma freira nas mesas, trabalhando com mais de um aparelho mediúnico. A cada um é dado de acordo com a sua necessidade de esclarecimento.

A Umbanda, que não doutrina ninguém, evangeliza chegando próximo das coisas "pequenas" do dia a dia. E, com essa sintonia, com amor e humildade, vai fazendo os homens reverem seus valores, repensando suas condutas, interiorizando e alargando os ensinamentos do Cristo-Jesus. Nesta época de liberdade, em que se anuncia nas listas da Internet os princípios mais diversos, o psiquismo cresce em importância, e o animismo perde o garrote da mistificação. Raro é o fenômeno mediúnico isolado, como exígua é a manifestação tão somente anímica.

Se o ente sintoniza com uma comunidade de Espíritos perdidos e presos no passado – por exemplo, em situação de guerra, acidentes violentos, torturas, magia –, sentirá repercussão vibratória prejudicial pelo processo mediúnico mórbido, quase certamente antecedido de uma síndrome de ressonância com o passado, o que é um fenômeno anímico. A sintonia mediúnica é antecedida de um fenômeno anímico, como, por exemplo, a passividade clássica, que é a deliberação da vontade da alma do médium permitindo o contato fluídico com outro Espírito, no caso desencarnado.

Observem que existe o transtorno anímico sem mediunismo, sendo "impossível" a sintonia mediúnica sem a alma do encarnado, o animismo, salvo em médiuns totalmente inconscientes que outrora não conseguiam controlar as manifestações. Os médiuns, inconscientes no passado ou conscientes nos dias atuais, para expressar um "transe", têm de exercer um ato volitivo, de vontade, dando a clássica passividade: a alma, a *ânima*, se expressa antes da instalação do fenômeno mediúnico ou da catarse anímica. Na atualidade, não reencarnam mais médiuns inconscientes – ao menos até autorização em contrário dos maiorais do Espaço.

Na Apometria, se detalham os transtornos anímicos com clareza. Aumenta a responsabilidade, no encadeamento das leis de causa e efeito, dos que lidam com a Apometria; ela é geradora de carma, bom ou ruim, de acordo com a intenção e a consciência de quem está aplicando a técnica. Tentaremos exemplificar.

Numa primeira situação, uma mãe aturdida com o filho "adolescente" de 24 anos, agressivo, antissocial, que eventualmente se droga e está namorando uma mulher mais velha, vai a um "pai de santo", num determinado terreiro, e pede que dê um jeito. A mãe "amorosa" contrata trabalho "forte", que resolve. O filho se encontra com seu discernimento normal, e suas atitudes não justificam o procedimento intempestivo da mãe, que está "autorizando", como se fosse uma procuração, a interferência no campo energético do filho, com sérias consequências, dentro das leis de causa e efeito, para ela e para o "pai de santo". O dito "pai de santo" faz despacho com animal de quatro patas, sacrificado, invocando os Espíritos que o apoiam, em concentrada mentalização, com sinais cabalísticos.

Num segundo exemplo, visitemos um grupo de Apometria em seu dia de atendimento aos médiuns trabalhadores. Uma das médiuns, chorando diante do dirigente, roga atendimento ao seu filho, jovem "rebelde" que se envolveu com uma garota muito "louca", de uma turma da "pesada", levando o coitadinho a faltar à faculdade e não se interessar mais por nada. Com o semblante sério, entre lágrimas, diz que achou uma bagana de maconha na carteira do filho. O dirigente apométrico procede aos comandos verbais, contagens, varredura energética; despolariza memória, cria campos de forças de detenção, faz tudo que pode com a sua liderança, junto ao grupo, para auxiliar a dedicada médium e seu rebento amado com sua adestrada força mental. Por último, com entusiasmo, adota os procedimentos apométricos mais "modernos" que aprendeu em recente seminário, ótima oportunidade de ensinar aos médiuns os avanços nessa fantástica técnica. O jovem filho da médium "zelosa" se encontra com o discernimento em perfeita normalidade.

Dentro das leis cósmicas, equânimes para todos, foram distorcidos o livre-arbítrio individual (nenhum dos dois consulentes pediu o atendimento) e o merecimento (não houve intercessão de Espírito superior com esse direito), desequilibrando-se assim a programação reencarnatória de ambos, praticando-se magia negra, desestruturando a harmonia universal.

Que os filhos concluam que é muito fácil fazer magia negra com a Apometria; não precisa haver despacho pago em encruzilhada urbana. Basta a força mental do operador e a aquiescência do grupo. A liberdade que se tem impõe enorme responsabilidade no que se faz. É diferente de quando disfarçávamos os cultos e os cânticos aos Orixás com os santos e rezas católicos, no escuro da senzala de chão batido, bem como diverso de quando os negros recém-alforriados aceitavam as propostas das moedas dos sinhôs para praticar sua magia em proveito deles, pressionados que estavam pelo estômago esfomeado.

Os "apometristas", bem nutridos física e intelectualmente, localizados em salas ventiladas, com secretárias, fichários de atendimentos e estagiários na assistência, não devem sentir-se um passo à frente, como se as outras formas de terapêutica espiritual estivessem ultrapassadas. Vigiam-nos as leis cósmicas, eternas e imutáveis, onipotentes, simbolizadas no "olho que tudo vê", que iguala o "dotô" da Apometria com o "pai de santo" da encruzilhada...

Que a conclusão da trilogia "Apometria e Umbanda", livros capitaneados por Ramatís e sua falange, sirva de reflexão a todos os filhos desta pátria do Cruzeiro do Sul.

Que o amor se esparja nos corações.

Vovó Maria Conga
Porto Alegre, 6 de abril de 2005

Preâmbulo de Ramatís

Dando seguimento aos nossos compromissos, apresentamos esta singela obra intitulada *Vozes de Aruanda*, oportuna pelo momento que vive a consciência planetária. Neste início do Terceiro Milênio, em que se exalta o mentalismo, uma parcela de irmãos já se libertou da prática dos sortilégios e das condutas fetichistas relacionadas com o mediunismo.

Claro está que não se coadunam com o estágio evolutivo da coletividade os sacrifícios animais e a força vital do sangue utilizado para os mais sórdidos interesses e escambos. Lamentavelmente, se assim ocorre, é somente pelo exercício do livre-arbítrio de algumas criaturas, que, soberano diante das leis cósmicas, é respeitado mesmo quando se imola uma ave que fica exposta em despacho nas vias urbanas, com as asas e pernas quebradas, direcionando-se toda a dor e vibração do indefeso animal para causar escoliose, artrite e reumatismo no alvo visado pelo intento malévolo. Em outras ocasiões deprimentes, se valem dos irmãos menores do orbe, os animais, em estado de putrefação cadavérica, para desencadear urticárias, lúpus eritematosos e infecções intestinais sem causa aparente nos diagnósticos médicos, criando baixos campos magnéticos afins com os éteres pestilenciais liberados pela decomposição orgânica.

Geralmente, o ato magístico imposto pelo poder mental do operador "pega" nos encarnados visados. Obviamente isso só se concretiza pelo comprometimento destes, em encarnações passadas, com ritos de magia negra. Qual interruptor que espera o toque para acionar a corrente elétrica, tal comprometimento ativa essa sintonia atemporal, facilmente detectada pelos maldosos Espíritos de dilatado mentalismo que articulam esses trabalhos nos subplanos umbralinos.

Todavia, uma fração significativa dos homens afadigados pelas lides espiritualistas a que se dedicam esquece que toda magia é mental. Como estão longe do grito de alforria do jugo carnal, que se dá com a preponderância definitiva do eu superior sobre os instintos atávicos que deságuam na personalidade transitória, recaem em condicionamentos inferiores, egoístas e orgulhosos, olhando com desprezo os cultos e as doutrinas que não se encontram estandardizados como eleitos do Cristo.

Essas mentes, em disfarçada altivez, para compensar psicologicamente a intolerância pelo que desconhecem, discretamente se classificam como "os salvos", ou seja, os direitistas de Jesus na Era de Aquário. Intensificam esse comportamento taxando as manifestações mediúnicas, as catarses e as incorporações de dispensáveis e primitivas. Paradoxalmente, com facilidade, usam a força mental em proveito próprio, criando formas de pensamento que enfeitiçam seus menores desafetos. Estão longe da simplicidade amorosa da anônima mãe preta, exímia benzedeira que, com o galho de arruda acompanhado de cachimbadas, cura os enfermos.

Muitos, tendo intensos comprometimentos cármicos ocasionados por iniciações realizadas no pretérito delituoso e que ainda reverberam na contextura dos seus corpos sutis inferiores, caracterizando grave transtorno de viciação mental e emocional, acabam inexoravelmente realizando a mais nefasta magia negra. Distantes dos elementos materiais usados como pontos de fixação mental e dos atos ritualísticos dos "atrasados" pais de santo e chefes de terreiros da Umbanda, situam-se hoje próximos ao estalar de dedos e às contagens pausadas, atributos modernos dos procedimentos apométricos.

A ênfase dada à Apometria como mero animismo abre as portas para a banalização dessa abençoada técnica, permitindo a sua adoção nos mais diversos consultórios improvisados e a cobrança desmesurada de cursos e consultas, numa retórica da Nova Era, de distorcido e falso holismo, em que todos podem ser terapeutas das almas e de vidas passadas.

Os complexos psíquicos, as imagens mentais e as percepções supraconscientes que se observam na dinâmica apométrica têm o seu sucesso fundamentado nas capacidades dos sensitivos, potencializadas pelos Espíritos do "lado de cá". Essa parceria é indispensável. Do contrário, sua condição natural, desconcentrada, tornaria os atendimentos apométricos improfícuos, ou restritos a uns raros eleitos, como foi na época do célebre organizador das leis da Apometria[1], ao menos sob a ótica da espiritualidade benfeitora. As organizações trevosas umbralinas estão reagindo num máximo de esforço para desmerecer a Apometria na sua relação com o mediunismo.

Rendamos graças a Oxalá pela oportunidade de o Espírito Babajiananda nos relatar alguns detalhes de sua grande e maior iniciação, que foi servir ao próximo. Esse árduo e amoroso trabalhador da Fraternidade Universal, dedicado iniciador de consciências às dimensões superiores, presta inestimável serviço em prol da evolução terrícola, da Umbanda e de todas as doutrinas, religiões e seitas da crosta que rumam para a convergência e a unificação no amor. Diz-nos esse Espírito amigo: "Os magos brancos sempre afirmam mentalmente antes dos trabalhos magísticos: 'Para os outros e para mim'. Assim, as leis do Universo se colocam a seu favor, e eles se tornam verdadeiros agentes de transformação para o bem".

Portanto, não existindo instrumentos mediúnicos perfeitos na Terra, assim como não há Espíritos perfeitos no Cosmo, pois só existe uma perfeição absoluta no Universo, que é Deus, continuamos dando nossa humilde contribuição à evolução planetária.

Que todos os médiuns estudem continuamente! Nem tanto as coisas que lhes são exteriores, mas o interior do próprio ser, pois a mediunidade é incomparável oportunidade retificadora de Espíritos altamente comprometidos com desregramentos morais; no caso da Umbanda e da Apometria, agravados pelo uso da magia negra no passado remoto.

---

1 Na recepção do texto, Ramatís fez alusão ao dr. José Lacerda de Azevedo, autor do livro *Espírito-matéria: novos horizontes da medicina espiritual*, considerado o marco referencial da técnica apométrica e, infelizmente, muito pouco lido pela maioria dos trabalhadores dos grupos de Apometria.

Vozes de Aruanda nada mais é que um pequeno compartilhar de experiências, seguido de relatos de casos de atendimentos práticos, utilizando a técnica apométrica em um templo de Umbanda. Nada traz de novo se comparado com os compêndios disponíveis lavrados pelos verdadeiros praticantes da Umbanda, do ocultismo, da teosofia, do misticismo e da magia durante a história. Longe de preconizar diretrizes, almejamos despertar o discernimento crístico nos corações.

Ramatís
Porto Alegre, 23 setembro de 2004

Prefácio à segunda edição

É com grande alegria que esta segunda edição de *Vozes de Aruanda* é publicada. Este volume completa a trilogia "Apometria e Umbanda", que é composta pelas seguintes obras: *Jardim dos Orixás*, *Apometria e Umbanda* e *Vozes de Aruanda*.

A Apometria associada à Umbanda é potente ferramenta de auxílio à humanidade. Os Espíritos benfeitores que zelam pela evolução planetária não estão preocupados com separatividades religiosas, dogmas pétreos, verdades absolutas ou se uma doutrina é melhor que a outra. Consciências que pairam nos páramos crísticos importam-se com a ação divina, como luz que clareia a escuridão cega das almas aflitas e verbo que é música celestial aos surdos para a vida imortal. Seja através de uma fixação de campo de força piramidal com diversos matizes de cores, seja através do estalar dos dedos e cânticos devocionais, é o amor que se espraia e reúne esses trabalhadores da última hora. O Pai Velho ao lado do médico judaico-cristão, o Caboclo ombreando com o mestre oriental, os guardiões a postos em diversas dimensões, da vibração mais em baixo até a mais de cima, todos irmanados do serviço e desinteressados dos frutos da ação. Como Jesus andarilho nos tempos da Palestina, onde há dor e tormento, lá estão esses abnegados amparadores dos grupos apométricos umbandísticos, em essência universalistas, atuando juntos aos despossuídos de paz de espírito.

Por orientação de Ramatís, revimos nas obras atuais o uso da flexão verbal de 2ª pessoa do plural, não usual nos dias atuais, passando-a para a flexão verbal da 3ª pessoa do plural, como falamos e lemos habitualmente, fazendo com que o entendimento da sua mensagem fique mais palatável ao adepto umbandista e buscador espiritualista universalista de agora. Todavia, preservamos os conteúdos, que é o que verdadeiramente importa. Resta esclarecermos que os Espíritos instrutores da humanidade são livres dos maneirismos de época, peculiares à fala e à escrita, tão comuns aos saudosistas do passado e que se encontram apegados aos hábitos cotidianos de antigamente, o que os faz avessos à mudança. Logo, o que importa a esses abnegados professores das almas, que se comunicam com os médiuns pelo pensamento puro, é que compreendamos seus ensinamentos, sem impor-nos uma linguagem pretérita, fora do contexto da presente época.

Espero que todos utilizem os saberes e as elucidações de Ramatís, descortinados com simplicidade, síntese e ineditismo peculiares à abordagem desse Mestre espiritual, sobre uma temática bastante complexa, com total desinteresse pessoal e sincero impulso interior de ajudar o próximo.

Axé, Saravá, Namastê!
Norberto Peixoto
Porto Alegre, 21 de fevereiro de 2021

Parte 1
Instrumentos da magia

1
A grande iniciação
(pelo Espírito Babajiananda)

Babajiananda responde

As iniciações na Umbanda são as mesmas da Grande Fraternidade Branca Universal?

Não, meu filho. As iniciações na Umbanda relacionam-se com o mediunismo entre os planos astral e físico. As verdadeiras iniciações da Grande Fraternidade Branca Universal objetivam mudanças de plano vibratório, e o iniciando não pode ter rupturas na tela búdica[2] ou carmas a "queimar" no ciclo carnal, causados por uso da magia negra, nesta ou

---

2 A tela búdica, denominação esotérica do que melhor seria chamar de tela etérica (já que nada tem a ver com o nível búdico), é uma estrutura magnética situada entre os corpos astral e etérico, que serve de proteção à consciência encarnada contra percepções imaturas do plano astral e investidas indesejáveis de entidades daquela dimensão. Abusos de substâncias de grande atuação etérica, como álcool e drogas, assim como de magia negra, rompem essa tela, instaurando o desequilíbrio.

em existências passadas. Essas pequenas diferenças devem ser esclarecidas, pois há muita confusão e erros de entendimento.

As iniciações dependem da finalidade. Na Umbanda, intentam ajustes vibratórios magnéticos dos corpos sutis, ligados ao quaternário inferior (mental concreto, astral, etérico e físico), e dos chacras. Visam à fixação fluídica (mental-astral-etérica) do médium magista com as sete linhas ou Orixás e com as respectivas entidades que trabalharão com ele, enquanto lhes servirá como aparelho.

A busca dessa sintonia fina envolve rituais no Astral, em espécie de lojas etéreas umbandistas, com manipulação de elementos astrológico-planetário-magnéticos, onde somos um iniciador. Levamos a efeito tarefas relacionadas com o agrupamento do Oriente[3] e nos apresentamos em corpo de ilusão[4] de nossa encarnação inglesa, quando emigramos para a Índia e nos tornamos um iogue, submetendo-nos ao método de iniciação aplicado por nosso amado guru ancestral, reencontrado no Oriente naquela vida.

Quanto às iniciações na Umbanda e seus graus hierárquicos, já temos informações precisas suas. Pedimos que nos fale sobre as iniciações na Grande Fraternidade Branca Universal, ainda desconhecida do grande público e comentada somente no interior de lojas rosacrucianistas, maçônicas e teosóficas, ignorada, portanto, pela maioria da população espiritualista.

Um esgrimista que não tem precisão se ferirá. O fato de os homens terem uma estrutura de corpos sutis equivalente aos planos vibratórios do Universo setenário (átmico, búdico, causal, mental inferior, astral, etérico e físico) não capacita a sua consciência para que se utilize deles como veículos de expressão nesses planos. Transportar-se ou conduzir-se conscientemente nos planos correspondentes a todos os sete corpos é

---

3 Veículo transitório de matéria astral criado para uso momentâneo por guias, protetores e mestres que habitam planos superiores de consciência. Boa parte das figuras de Pretos Velhos e Caboclos da Umbanda é dessa natureza. São instrumentos de trabalho, nada mais, criados pelo poder mental, que aglutina as moléculas de matéria astral.

4 Indevidamente chamado de "linha do Oriente", na verdade é um agrupamento que atua sob a linha de Oxalá.

o objetivo final das iniciações superiores, quando a individualidade estará pronta para transitar desde as dimensões superiores até os subplanos astrais inferiores.

Não temos palavras capazes de fazer entender aos filhos como ocorrem as mudanças de veículo da consciência nos planos superiores. Podemos afirmar que a maioria dos filhos consegue entrar com o corpo astral no plano astral, mas poucos sabem disso. Quando esse corpo estiver apto para ser utilizado com maior capacidade de percepção, tornando-se um confiável veículo de expressão da consciência[5], podemos proceder à primeira iniciação no plano astral, o que dará um adequado controle da mente sobre sua atuação. Aos poucos, vão se ampliando a desenvoltura e a sensibilidade do neófito, até que o poder de livre trânsito da mente no corpo astral seja adquirido de direito, o que caracteriza um candidato à segunda iniciação, que se efetuará no plano mental inferior; ao contrário da primeira, que se realizou no plano astral. É o que podemos compartilhar com os filhos.

A partir da terceira iniciação, que se efetiva no plano causal, ou mental superior, onde só existe matéria mental sem imperfeições pertencente aos subplanos superiores do plano mental, fica por demais abstrato, exigindo esforço desnecessário ao instrumento com que estamos a transmitir nossos pensamentos.

Na verdade, o sensitivo que ora nos recepciona as ideias não tem condição psíquica de entendimento para maiores descrições do plano mental superior, que é todo perfeição. Seu cérebro físico é como uma muralha de pedra que o impede de sobrepujar a barreira vibratória para sua entrada consciente além do plano mental inferior. No máximo, o instrumento que ora nos empresta o psiquismo percebe clarões multicoloridos, translúcidos, rápidos e intensos vindos do seu corpo causal, direto do plano mental superior.

É importante que fique claro que a consciência, gradativamente, vai adquirindo condições de estagiar em cada um dos sete grandes planos vibratórios do Universo, utilizando envoltório ou corpo espiritual afim

---

5 Em outros termos, quando a criatura pode atuar com plena desenvoltura naquele corpo, consciente do plano onde se encontra, ou plenamente desperta. A maioria das pessoas, quando em corpo astral, comporta-se como em sonho, que dirá nos planos superiores!

com o plano que está sendo explorado. Isso é o que qualifica um corpo sutil que envolve a mônada espiritual como veículo da consciência. O fato de os filhos terem uma estrutura de corpos setenária não os autoriza a usá-los como veículos da consciência, o que requer graduação evolutiva.

Na Umbanda, as iniciações não se referem à mudança de plano vibratório enquanto campo de atuação dos veículos da consciência. Simplesmente se alinham os corpos e se ajustam os chacras do quaternário inferior, que se adaptam às frequências vibratórias de entidades, guias e protetores, que se comunicarão de outra dimensão nas sete linhas ou Orixás, por intermédio do instrumento mediúnico dócil e passivo na Terra. O corpo astral fica levemente desprendido, mas de maneira alguma serve de veículo da consciência encarnada no plano astral quando se dão as manifestações de Caboclos, Exus e Pretos Velhos na Umbanda, nem se fazem iniciações com essa intenção.

Entendemos que o mediunismo na Umbanda, que está ligado com a magia e as energias planetárias, sendo uma forma de resgate de médiuns altamente comprometidos com a magia negra em vidas passadas, acaba sendo um impeditivo para as iniciações que conduzem a consciência a se utilizar dos corpos sutis nos planos correspondentes do Universo. É isso?

Perfeitamente, meu filho. Essa condição estabelece uma fixação nos planos inferiores de manifestação do Espírito (astral, etérico e físico), impedindo as iniciações para a entrada nos planos mais elevados. Isso não quer dizer que a consciência encarnada não possa ser conduzida por um outro ser espiritual em incursões nas dimensões mais rarefeitas, obtendo rasgos momentâneos de consciência, por influência externa desse Espírito que já conquistou a condição perene de domínio dos seus corpos superiores (átmico, búdico e causal).

Observações do médium

A experiência que descreveremos ocorreu em desdobramento astral na noite de 13 de abril de 2004. Fomos conduzidos por Babajiananda a um templo do Astral que é a contraparte etérica de uma ordem iniciática do movimento de Umbanda existente na Terra, de que não estamos autorizados a dizer o nome. Seu dirigente é um dos raros iniciados encarnados que tiveram as sete iniciações na Umbanda esotérica, ele faz um articulado trabalho de estudo e divulgação umbandista, pregando a unidade e a convergência entre todas as doutrinas, abarcando as ciências, religiões e filosofias existentes.

Essa imensa loja etérea era similar às construções egípcias, com muitos ornamentos dourados com símbolos solares. As entidades trabalhadoras apresentavam-se em formas astrais de Pretos Velhos, Caboclos e Orientais, vestindo uma indumentária de cor alaranjada. Chamou-nos a atenção a alegria e a descontração desses Espíritos, demonstrando-nos que a Espiritualidade não é circunspecta sem motivo, chorosa e compungida, como preconizam muitos irmãos encarnados e desencarnados.

Foi-nos mostrada a Ala do Oriente desse templo diáfano: vimos um salão de tarô e quiromancia que assiste a médiuns em suas iniciações na Umbanda; visualizamos muitos encarnados desdobrados, sentados a pequenas mesas dispostas diante de Ciganos e Orientais de várias etnias, que elaboravam complexos mapas sinópticos individualizados das regências vibratórias e dos Orixás, procedimento importante para que se programe as corretas iniciações dos médiuns no plano astral.

Ao passarmos por uma dessas mesas, fomos informados de que conheceríamos os entrecruzamentos vibratórios das sete linhas da Umbanda, com os seus respectivos agentes mágicos (os Exus), e, em seguida, eu e um irmão do grupo de Apometria que me acompanhava estaríamos prontos para incorporar nossos Exus originais, o que se daria, a partir de então, por meio dos verdadeiros Exus da Umbanda, chefes de legião. Então, eu estaria iniciado para manifestar o Exu Pinga-Fogo, e o meu companheiro de grupo, o Exu Sete Chaves, o que nos fortaleceria nos trabalhos de Apometria que conduziríamos na Sociedade Espírita de Umbanda onde trabalhávamos.

Enxergamos ainda o que se pode chamar de sinalizadores (espécie de triângulos fluídicos violetas com uma pomba branca dentro), num tipo de "vias" vibratórias, na região da subcrosta. Babajiananda nos informou que esses símbolos indicam portais interdimensionais para a movimentação dos agentes mágicos entre as sete linhas de Umbanda no Universo manifestado, onde atua a falange que nos dá cobertura espiritual, e que tais "vias" eram as correntes dos átomos primordiais do plano astral que propiciam a concretização, no mundo da forma, das energias cósmicas. Trabalhos de alta magia são produzidos nesses sítios vibracionais pelos Exus sempre que uma pessoa tem seu merecimento cármico distorcido (casos de magia negra), devendo ser novamente equilibrado pela lei de justiça que rege as atividades da Umbanda.

Após as iniciações, que não conseguimos descrever por que se deram sem forma manifestada no plano astral – nossa limitada clarividência funciona bem nos subplanos inferiores do Astral, pois ainda somos Espíritos imperfeitos e sedentos de ascese espiritual –, Babajiananda e seus auxiliares nos conduziram para dentro de uma gigantesca abóbada de cor cobre. Foi-nos dito que ali era como se fosse o compartimento holográfico da loja etérea e que o pensamento concentrado de Babajiananda procederia à criação de formas manifestadas e nos conduziria ao término das iniciações da noite.

Repentinamente, começamos a escutar um borbulhar de água de cachoeira, que gradativamente ocupou todo o espaço da concha onde nos encontrávamos. Vimo-nos, então, em meio a uma correnteza de água maravilhosa, sem nos afogar, respirando normalmente, envoltos por sinais gráficos que se formavam no éter aquático ao som de mantras e baladas musicais desconhecidas e imersos em cores faiscantes de indescritível beleza. Sentimo-nos arrebatado por um amor e aconchego materno imensuráveis, como se um raio nos atravessasse.

Por último, Babajiananda nos esclareceu que a água, por ser um excelente condensador energético, mesmo no éter, é utilizada como ponto de fixação e aglutinação das energias de que estávamos necessitando, relacionadas, por sua vez, com os quatro elementos planetários e os Orixás.

Em seguida, nos vimos à beira de uma praia que não existe igual na Terra. Nesse local, fomos "entronizados" no sítio vibratório do caboclo Ogum Iara e orientados a invocá-lo sempre ao término dos atendimentos apométricos no terreiro de Umbanda. Dessa maneira, todas as energias enfermiças dos trabalhos socorristas seriam descarregadas e retornariam para o mar, integrando-se novamente à natureza.

Depois dessa última experiência, acordamos suavemente no corpo físico.

Babajiananda responde

O que dizer dos trabalhos de Apometria na Umbanda, em que os médiuns se desdobram ativamente e procedem a incursões no plano astral?

São exploradas as potencialidades anímicas dos sensitivos. Não se fazem iniciações no mediunismo para conduzir o corpo astral a ser um veículo de consciência plena. Isso não quer dizer que essas iniciações não possam ter ocorrido em vidas passadas, sem relação com a mediunidade. Muitos dos médiuns que têm essa facilidade foram iniciados e descambaram para a "mão esquerda", para a magia negra, e hoje estão se reajustando com as leis cósmicas. O trabalho de Apometria é mais mentalista nas percepções do plano astral, assim como toda magia é mental.

Pedimos que nos fale algo mais sobre sua assertiva de que "toda magia é mental".

Toda magia passa pela mente. Mente capaz significa pensamento concentrado e firme.

Antes de qualquer técnica ou ritual, é importante o candidato a mago avaliar se o que deseja realizar trará benefícios para os que estão a sua volta. Deve haver harmonia com as leis cósmicas, de justiça e equilíbrio universal. Que fique claro: na magia, todo ato de vontade para prejudicar alguém estará precipitando um retorno na mesma escala, em maior ou menor tempo. Como as folhas de uma árvore que se alimentam do mesmo tronco, o que se faz de mal ao irmão ao lado contraria a unidade cósmica e resulta num justo e necessário ajuste. Com essa consciência, os magos brancos sempre afirmam mentalmente antes dos trabalhos magísticos: "para os outros e para mim". Então, as leis do Universo se colocam a seu favor, e ele se torna um verdadeiro agente de transformação para o bem.

O praticante de magia deve ser possuidor de uma vontade férrea, indomável quanto ao ideal que abraçou. A firmeza de propósito pede flexibilidade e constantes adaptações, sem perda da meta traçada. Essa é a essência da magia mental.

Os que têm o conhecimento de que a magia é mental devem se resguardar de palavras chulas e da maledicência. É pelo som que se invocam as forças da natureza; pelo seu poder há uma alteração de frequência dos pensamentos, que penetram agudamente nas dimensões espirituais, atraindo os que vêm em auxílio. Não se deve conspurcar o templo mental com palavras de baixas vibrações.

Pedimos que nos fale um pouco do seu guru amado. Quem foi ele? Por que esse reencontro com ele se deu na Índia?

Esse reencontro foi-nos muito marcante. Como estávamos desde nossa reencarnação do primeiro século da Era de Cristo sem nos encontrar na carne, já fazia mais de nove séculos que esperávamos a oportunidade redentora para ter as iniciações libertadoras do ciclo carnal conduzidas pelas mãos de nosso guru amado. Registramos que nos planos rarefeitos nunca deixamos de nos encontrar, sempre que se fez oportuno. Mesmo agora, nosso guru está conosco pela sua abrangente capacidade mental, que lhe dá uma onisciência incomum à maioria dos Espíritos que estão auxiliando a comunidade da Terra. O sensitivo que nos recebe os pensamentos tem vaga noção desse estimado iniciador da Grande Fraternidade Universal, como o canto do pássaro no sopé da montanha em meio ao taquaral, que se ouve ao longe, mas não consegue ser identificado em sua espécie.

Quem foi ele? Em que data foi mais expressiva sua existência? Isso nada significa. Se destacarmos uma encarnação das demais, estaremos nos prendendo à ilusão da forma, o que não representa a realidade da individualidade imortal. O vaso ornado pela tulipa admirada em sua beleza exótica é o mesmo que irá sustentar a erva que mata ao toque do curioso. As diferenças na Terra são igualdades no Universo. Importa reconhecer que, quebrando-se o vaso, a vida que o animava será plantada em outro.

As ações educativas da alma, conduzidas por esse Espírito, de muito tempo vêm orientando os homens nos verdadeiros ensinamentos cósmicos, levando a todos os buscadores espirituais que cruzaram o seu caminho a refletir que a tradição e religiosidade estão dentro de cada um, independentemente de rituais e cerimônias externas, que, ao invés de unir, separam os homens até os dias atuais.

Por largos compromissos cármicos, nessa ocasião se impunha que passássemos por certas iniciações iogues conduzidas pelo nosso guru ancestral. Só assim, movidos pelo amor e confiança mútuos, existe a entrega recíproca para as iniciações superiores que desvendam as verdades espirituais. São elas que sepultam definitivamente os apelos inferiores dos veículos densos de que o Espírito se utiliza ao estagiar no Cosmo manifestado, astral, etérico e físico. Seguimos nosso iniciador por longos anos, em que nos vimos despertados por um enorme manancial de conhecimentos de vidas passadas, até então esquecidos.

Nosso reencontro se deu na Índia, em razão da universalidade cósmica de sua filosofia e da religiosidade milenar inserida em nosso ser por fortes laços do passado.

A afirmação: "O sensitivo que nos recebe os pensamentos tem vaga noção desse amado iniciador" se dá por quais motivos? É possível fornecer-nos mais informações sobre o assunto?

Nosso amado guru tem desenvoltura em planos vibratórios destituídos da forma, que os irmãos ainda não podem entender. Como nos utilizamos de instrumentos conscientes, é um tanto complexa a sintonia vibratória, já que a recepção se dá em planos tão densos como o do encarnado. Um mesmo pensamento transmitido a dois sensitivos diferentes, em mesmas condições de preparo mediúnico, corresponderá a duas frases distintas, embora semelhantes.

Quanto a este médium de que estamos nos servindo agora, o acompanhávamos fazia cinco anos, a fim de que conseguisse dar o primeiro passo para nos recepcionar os pensamentos mais simples. Durante esse período, ele estava em aprendizado na Umbanda, como que ajustando os chacras e os corpos etérico e astral para nos sentir, quando levemente desdobrado, sem perder a consciência, tal como uma fresta aberta por onde entra tênue claridade.

Além da dificuldade que encontramos, pelo seu agitado psiquismo e pouca concentração, foi-nos extremamente difícil conviver com suas emanações etéricas, oriundas da alimentação carnívora, que acabavam funcionando como uma espécie de barreira vibratória intransponível. Por isso, tivemos de permanecer a distância no terreiro e solicitar aos prestimosos auxiliares dos Exus que o envolvessem em agudas catarses (limpeza comparável à de um carburador entupido onde se injeta forte jato de água e querosene). Então, gradativamente, foram se sutilizando suas emanações ectoplásmicas. Ao conseguir manter-se firme nas consultas no dia da sessão de caridade pública, aos poucos, com constante irradiação intuitiva, sem influenciá-lo diretamente e respeitando o seu livre-arbítrio, este instrumento resolveu abandonar as carnes vermelhas, o que foi motivo de júbilo para nós. Esse foi o passo primordial para que conseguíssemos nos aproximar vibratoriamente e trabalhar com ele.

Quanto ao nosso guru, sua dificuldade de sintonia com o médium é acentuada no momento. Para sintonizá-lo com mais clareza, teríamos de levar a efeito algumas "iniciações" do sensitivo no plano astral durante o sono físico, o que poderia levar alguns anos para surtir efeito. Neste momento, não há programação para que ele seja canal de recepção do Espírito que é o nosso iniciador.

A sintonia mediúnica não se dá pela mente, como uma telepatia? Que diferença faz a alimentação?

Meu filho, a sintonia mentalista é comum na mesa mediúnica. Os trabalhos na Umbanda têm algumas peculiaridades que exigem "iniciações", tanto no plano dos encarnados como no plano astral, e manipulação de algumas energias dos quatro elementos planetários, baseados na regência astrológica dos Orixás que influenciam os médiuns e nós, Espíritos que os assistimos. As emanações energéticas da digestão carnívora e o seu impacto no metabolismo corpóreo impedem os ajustes dos chacras, por incompatibilidade vibratória do duplo etérico, encharcado desses fluidos densos e pestilentos. É uma barreira vibratória densa e pegajosa de resíduos pútridos, emanados do metabolismo do corpo físico.

É oportuno esclarecer que os Pretos Velhos, a partir do nível de guia, quando precisam de maiores impressões nos canais mediúnicos, como, por exemplo, a vidência, atuam utilizando-se de corpos de ilusão, que são verdadeiros condensadores energéticos para o rebaixamento de vibrações dos planos atemporais até a crosta planetária. Muitos dos Espíritos da Grande Fraternidade Branca Universal que labutam na Umbanda assim procedem.

Informa-nos Babajiananda

Viemos em auxílio, impondo-nos um rebaixamento vibratório desde os planos sem forma, chamados pela teosofia de mundo devachânico, que é habitado por consciências libertas do ciclo reencarnatório e de qualquer carma que nos imante ao plano astral. Impõe-se que criemos corpos astrais, temporários, que são na verdade corpos de ilusão, necessários para chegar mais perto dos filhos da Terra. Por meio de nossa volição, emanada do corpo mental superior, aglutinamos átomos e moléculas astralinas, criando uma morfologia para nos apoiar nas manifestações com médiuns encarnados. Após os trabalhos, essas formas astrais ilusórias são desintegradas e retornam à natureza.

Os habitantes dessas paragens cósmicas não têm mais o corpo mental inferior, pois se livraram de quaisquer defeitos e registros negativos, atuando com desenvoltura nos corpos perenes da tríade divina (átmico, búdico e mental superior), o que não é novidade para os umbandistas, rosacrucianistas, maçons, ocultistas, esotéricos e teosofistas esclarecidos.

Observações do médium

Temos esporádicos contatos com a vibração de Babajiananda na sua forma astral de apresentação, como Preto Velho, ocasiões em que ele adota o nome de Pai Tomé, Espírito amoroso e extremamente humilde.

Certa vez, quando estávamos trabalhando num dia de caridade pública no terreiro de Umbanda, com o intuito de abrandar nossa vaidade crescente, pois começávamos a nos considerar intelectualmente melhor que os irmãos de corrente mediúnica, esse Espírito resolveu lavar os pés de uma senhora que apresentava erisipela crônica e depois beijá-los. No momento em que tínhamos de nos abaixar para tocar os lábios nos pés descamados da consulente, porém, houve um levante de nossa consciência e nos recusamos a dar passividade a tal ato. Imediatamente, o envolvimento fluídico vibracional dessa entidade cessou, e, depois de uma leve pressão no chacra frontal, enxergamos Pai Tomé no Astral, abaixado, com uma tina de água, cheia de folhas, ao lado e uma toalha branca nas mãos, enxugando os pés da consulente.

Finalmente, a entidade abaixou-se e beijou as pontas dos seus dedos, de unhas grossas e fétidas. Ato contínuo, de seu chacra cardíaco saltou-nos aos olhos um facho de luz amarelo-violeta. Nesse momento, Pai Tomé fixou-nos os olhos cheios de lágrimas e, humilde e calmo, nos disse:

"Veja, meu filho, que todo o conhecimento do mundo e o largo intelecto não garantem um simples ato de amor, de verdadeiro sentimento. Pense a respeito e não critique os seus irmãos pelo pouco entendimento das coisas ocultas. Observe como eles se entregam ardorosamente para atender aos que chegam. Antes de julgar as manifestações e a falta de estudo dos outros, compreenda que a grande iniciação se dá no templo interno de cada criatura. Aquele que almeja ser um iniciado na Umbanda ou em qualquer outra forma de caridade na Terra, para ser um verdadeiro terapeuta das almas e instrumento dos benfeitores dos planos rarefeitos, deve aprender a se rebaixar, enxergando os seus defeitos e, ao mesmo tempo, realçando as qualidades alheias. Acima de tudo, deve servir com sinceridade de propósito e total desinteresse pessoal".

A lição clarividente de Babajiananda apresentando-se num corpo de ilusão de Preto Velho, como Pai Tomé, foi de grande. importância. Nem tanto pelo que visualizamos e ouvimos, mas pelo que sentimos, indescritível por meio dos sentidos ordinários de um médium.

Aos poucos, passamos a sentir com regularidade as vibrações de Pai Tomé como Babajiananda, o que intensificou-se sobremaneira depois que abandonamos as carnes vermelhas da alimentação. Nas ocasiões em que ele se apresenta, está todo de branco, com um turbante ao estilo dos iogues: pele clara, tipo anglo-saxão, nariz aquilino, alto, barba comprida e espessa no queixo e rala nos lados do rosto.

Nossa ligação com esse Espírito nos remete ao Antigo Egito, época em que ele foi um alto sacerdote, tendo nos iniciado desde jovem nos segredos de rituais e sessões ocultas dos templos. Infelizmente, acabamos usando mais tarde os ensinamentos recebidos para o bem, com todo o amor, no "lado esquerdo" e em proveito próprio, insanidade que estamos até hoje resgatando.

A humildade, o amor, a mansuetude e calma de Babajiananda nos deixam melancólicos, a ponto de sentirmos muita vontade de chorar, pois não conseguimos exteriorizar a magnitude de seus sentimentos e vibrações, em razão das percepções limitadas de encarnados.

Espírito muito simples e direto, orientou-nos que, ao passar seus pensamentos para a escrita, os vestisse em nosso idioma de maneira clara e fácil, a fim de que sejam entendidos pelo maior número de pessoas que desconhecem a Umbanda. Ainda nos pediu que ficássemos bem à vontade e não nos preocupássemos com nossa interferência, pois isso seria inevitável, porque somos médiuns conscientes. Deu-nos muita segurança, alertando que, à noite, durante o sono físico, nos reforçaria as impressões, desdobrando-nos em corpo mental. Dessa maneira, se "soltariam" arquivos do inconsciente que nos trariam muitas informações ao escrever no teclado do computador, o que realmente acontece. Essa atividade é acompanhada pelos seus jatos fluídicos na nuca, o que nos deixa com uma espécie de estática em toda a cabeça e uma friagem agradável no pescoço e nos ombros.

Babajiananda responde

Quanto à citada reencarnação do primeiro século da Era cristã, ao que parece muito marcante pelos fortes laços do passado que o unem ao seu guru, pedimos maiores pormenores.

Fomos filhos de família grega muito pobre. Não conhecemos nosso pai. Crescemos em uma vila de camponeses situada numa região montanhosa. Desde pequeno nos mostramos melancólicos, a ponto de seguidamente chorar diante da rispidez dos habitantes de nossa pequena comunidade agrícola. O amor que nos arrebatava o coração era incompreendido por aqueles homens rudes, acostumados à vida simples do campo, em que uma mudança meteorológica podia refletir-se na falta, à mesa, do alimento duramente conseguido. Sentíamos muita saudade de um local e de uma família que não sabíamos onde se encontrava. Latejavam em nosso inconsciente as muitas encarnações passadas no interior dos templos de outrora, onde muito ensinamos, praticando o amor.

Inevitável, com a modorra do tempo e os altos cargos sacerdotais, esquecer a simplicidade de servir, verdadeiro alicerce de todo o iniciado que passa a ser um iniciador. Nossa melancolia e tristeza deviam-se à falta da vida metódica, quase monástica, que levávamos nas fraternidades que nos acolheram. A disciplinada rotina com os neófitos, as meditações, as aulas, as iniciações seguidas, tudo isso nos fez esquecer a vida comezinha dos profanos. Não perdemos o amor, mas, em certo aspecto, "embotamos" o nosso Espírito, que se acostumou a ser servido em vez de servir. Dito isso, os filhos compreenderão o impacto que sofremos quando escutamos as primeiras instruções de nosso amado guru.

Próximo à nossa vila existia um pequeno templo. Tendo sido recusada a nossa aceitação naquele local iniciático, visto que não vínhamos de casta abastada e influente, aceitamos ser fornecedor de hortaliças, ao mesmo tempo que nos deixavam fazer pequenos serviços de manutenção.

Certa vez, deparamo-nos com um visitante todo de branco, muito vistoso, cabelos compridos que lhe caíam nos ombros e barba levemente ondulada nas extremidades. Austero e manso, chegou-nos perto, à saída do templo, e, sem titubeios, olhou-nos profundamente, confiante e humilde, e falou:

"Queres te libertar da imensa tristeza interna que te arrebata o coração, sem motivo que possas entender? Aprende novamente a servir nesta vida, o que será a tua grande e maior iniciação. Sabes que ninguém morre, como ninguém nasce. És simplesmente um ser visível e invisível, material e imaterial, denso e fluídico. Assim é a natureza dos corpos nos mundos inferiores: quando está preenchido por matéria, o Espírito torna-se visível na Terra. Não te iludas pelo espaço que o encerra. Na verdade, isso é uma falsa noção. Teus pais e teus familiares atuais são o meio, e não a causa real de tuas aflições. A orquídea germina associando-se aos fungos, mas não é formada deles. O teu corpo visível é transitório, e as mudanças perenes acontecerão no princípio que não consegues ver, mas que o anima, que é preexistente e tem uma vida infinita pela frente. Finalmente te reencontrei mais uma vez. Lembra sempre de que um discípulo meu não vai às termas, não sacrifica animais, não come carne de nenhuma espécie e, para alcançar liberdade, deve combater sempre a intolerância, a inveja, o egoísmo, a vaidade e tudo que é hostil, preparando o campo interno para o verdadeiro Deus, que não se encontra exclusivamente em nenhuma religião, ritual ou culto, mas em todos ao mesmo tempo. Dá-me um forte abraço e vamos de partida. Não temos tempo a perder. Segue-me!"

Dessa forma, tivemos o primeiro contato com nosso guru amado. Sem pensar, o seguimos. Envolto em todo o seu magnetismo, por um momento nos sentíamos como uma unidade que retorna ao Todo cósmico, tal o profundo eco que suas palavras tiveram em nossa alma.

Pela sua resposta, supomos que esse guru era um filósofo andarilho, sem um templo fixo. O senhor seguiu um andarilho?

Sim, com toda a convicção de nosso pobre coração sedento de amor e de nova compreensão das coisas ocultas. Aqueles que nada têm pouco necessitam. Não tendo bens, são livres para ir aonde bem entenderem. Dizia-nos nosso guru:

"Nada possuindo, toda a Terra será nossa. Caminhemos rumo às estradas longínquas. Se nossa parada em locais desconhecidos nos tornar mais sábios, quando retornarmos de onde viemos seremos melhores do que quando partimos. No início, em cada local onde passarmos, aprenderemos mais do que ensinaremos. Com o tempo, mais ensinaremos do que aprenderemos. Os homens, presos às suas seitas e aos seus rituais, enxergam somente um aspecto da Divindade, que não demonstra toda a unidade que permeia o Universo a nossa volta, desde o menor ser deste planeta até as maiores estrelas invisíveis aos nossos olhos no Infinito cósmico".

A intolerância religiosa nessa época deveria ser maior que nos dias atuais. Havendo muitos cultos e preconceitos, como servir a

um sábio errante sem sofrer as violências comuns aos sectarismos, preconceitos e às vaidades humanas?

Nosso guru, sendo um sacerdote da religião universal, facilmente poderia ter indicado o lado ruim deste ou daquele culto em particular. Em nossas andanças por centenas de templos diferentes, nunca o vimos apontar aspectos negativos de rituais, liturgias ou cerimoniais. Afirmava apenas que eram formas que não deveriam nos escravizar; dizia que a essência divina era uma só, seja na arte religiosa grega ou egípcia da época; ensinava a forma mais exaltada de simbolismo espiritual que não se prendia aos usos e costumes das religiões instituídas. Por isso, não exaltava um culto em detrimento de outro. Sempre lembrava que o sábio, seja qual for, é um livre-pensador cósmico que deverá morrer por seus princípios, se necessário for. A natureza interna do místico é a sua força e coragem, e não haverá espada ou fogo que o forçarão a dizer uma inverdade diante das verdades universais que ele vivencia em sua alma.

Pedimos um exemplo de pregação desse guru quando chegava a um templo pela primeira vez. É possível?

Sim, meu filho, é possível. Por que não o daríamos? Certa vez, quando chegamos a um templo egípcio, nosso guru foi admoestado pelo grão-sacerdote, que ironizou os templos gregos, muito ornados de belas estátuas, de corpos perfeitos e exuberantes, dizendo que aquele amontoado escultural de músculos era nada mais que uma exagerada adoração da beleza física, que nada tinha a ver com as glórias espirituais. Nosso guru, calmamente, após os cumprimentos ritualísticos, usou da palavra:

"Os homens, sendo imperfeitos na Terra, perseguem o modelo divino de todas as coisas. Seguidamente se esquecem que existem graus ascensionais para o perfeito. Mesmo assim, existem traços de perfeição nos humanos, de uma beleza quase divina. As feições angelicais, os corpos perfeitos das esculturas gregas pertencem não aos da Terra, mas, sim, aos corpos espirituais dos ocupantes do 'mundo-céu'. Os escultores gregos, tendo contatos místicos com os seres angélicos, conseguem registrá-los na forma, para a contemplação de todos. Em vez de se exaltarem os músculos e nervos que estão nos corpos da Terra, diminuindo-os, devem ser apreciados em suas belezas angelicais, modelo de perfeição futura, exuberante, pura demonstração da arte divina nos planos mais elevados, inconcebível para a maioria da Terra. Por benevolência, é possível serem visualizados nessas estátuas majestosas, alegrando a existência dos que conseguem perceber a profundidade do que transmitem".

Existe algo que era pregado naquela época que ainda seja válido nos dias atuais?

Meu filho, se tudo que Jesus pregou é muito válido na Terra hoje, o que sobra para nós, humildes aprendizes do Mestre dos mestres? A conduta interna nos templos, defendida por nosso guru, confrontava diretamente os costumes ritualísticos da época. Por ser um ardoroso divulgador da disciplina pitagórica, isso exigiu dele um esforço monumental de esclarecimento em favor da vida e dos animais menores do orbe. Lamentavelmente, tudo que ensinou ainda não foi interiorizado em muitos terreiros de Umbanda.

Ele recomendava que não deviam vestir-se com paramentos ritualísticos feitos de animais mortos e se abster de alimentos carnívoros. Não admitia, sob nenhuma possibilidade, o sacrifício animal e o derramamento de sangue, pois o verdadeiro Deus não aceita oferendas de aves ou bois mortos. A Divindade não precisa de ritos absurdos para auxiliar os da Terra. As distorções nos ritos cerimoniais são desmandos dos homens doentios. Nesse aspecto, os absurdos que se praticam em nome da sagrada Umbanda registram simbolicamente no Livro da Lei o vintém que cada consciência terá de reembolsar aos cofres divinos, devidamente atualizado no instante da prestação de contas definitiva.

Observações do médium

Embora Babajiananda nos diga que as personalidades ocupadas nas encarnações servem para nos fixar na ilusão transitória da forma, esquecendo a essência duradoura e imortal, e que, portanto, não tem a menor importância quem foi o seu amado guru, autorizou-nos a dar maiores detalhes aos leitores nestas observações.

Em seu indescritível amor, Babajiananda entende que nós, estando presos ainda ao ciclo carnal, precisamos muito dessas referências que estabelecem a relação de causalidade entre as encarnações sucessivas. Isso nos auxilia na expansão da consciência e do discernimento quanto às verdades espirituais.

O seu guru amado foi Apolônio de Tiana. Naquela existência, Babajiananda encarnou a personalidade de Dâmis, seu fiel discípulo. Sua grande iniciação foi servir a todos que beberam da sabedoria de Apolônio no interior dos diversos templos de outrora, sem poder participar dos cerimoniais internos. Esse foi um pedido de Apolônio, dizendo que a maior iniciação no seu discipulado seria servir incondicionalmente. Outra faceta dessa experiência foi o fato de Babajiananda ter convivido humildemente com o escárnio de muitos grão-sacerdotes, que mal olhavam o semblante do simples serviçal com a cruel indiferença de muitos iniciados para com as castas subalternas.

A verdade que tem de ser dita é que Apolônio de Tiana tratou Babajiananda, no caso Dâmis, com muito amor, tendo dado oportunidade a enormes aprendizados das coisas ocultas em suas andanças, numa convivência intensa e fraterna, quando estavam sós. Chegando aos vilarejos e às cidadelas, em visitas aos templos, mostravam-se bastante circunspectos. Babajiananda-Dâmis se comportava como um singelo serviçal. Dessa maneira, resgatou um carma do passado, em que muito foi servido nas fraternidades iniciáticas. Essa resignação e humildade o credenciaram para que ficasse mais de novecentos anos no Espaço sem reencarnar, estudando e trabalhando junto com um grupo de Espíritos orientais fortemente ligados a Apolônio e a Ramatís. Estiveram juntos na época de Pitágoras (século V a.C.), numa encarnação do primeiro século depois de Cristo, e se encontraram novamente no templo da Indochina do século X, fundado por Ramatís, existência em que anos antes Babajiananda tinha reencontrado Apolônio como seu amado guru ancestral, agora um mestre iogue.

Na encarnação em que foi Babajiananda, decisiva por ser sua última estada terrena, seu mestre, Apolônio de Tiana, reencarnou na Índia, animando a personalidade de um mestre iogue, por amor a um grupo de discípulos. Fez questão de, pessoalmente, conduzir algumas iniciações superiores, que só podem ser realizadas no derradeiro momento de libertação total de carmas que ainda requeiram encarnações futuras. Ou seja, somente uns poucos, totalmente livres do ciclo carnal, contudo ainda encarnados (os chamados sábios e profetas da história), se credenciam a usar com total desenvoltura os sete corpos como veículos da consciência nos sete planos do Universo, principalmente os corpos perfeitos da tríade divina.

Esse procedimento exigiu de Babajiananda um profundo preparo no Espaço, com árduo estudo e trabalho. Daí o longo período, ao menos para a nossa temporalidade material, sem reencarnar.

No plano físico, houve então um ensaio crucial, em razão das dificuldades inerentes a todo encarnado, para, num futuro próximo, já de volta ao plano astral, vivenciar a segunda e definitiva "morte" (o que na verdade já ocorreu), ocasião em que ele abandonou o corpo astral em troca da vida nos planos mental superior e búdico.

Isso não quer dizer que entidades nesse estágio, ou melhor, após a "segunda morte", não atuem mais no plano astral, o que se dá por meio da utilização de corpos de ilusão, como é o caso, por exemplo, de Pai Tomé (ou Babajiananda) e Ramatís (Pai Benedito ou Caboclo Atlante), sempre que se fizer necessário impressionar os médiuns de que estão se servindo na Umbanda. Diz-nos Babajiananda: "A ocasião faz a vestimenta".

2
O mentalismo e a mediunidade

Ramatís responde

As tradições antigas da magia afirmam que o Universo é uno: tudo que existe não passa de parte de um "Todo" estupendo. Essa Unidade divina, acima das religiões e religiosidade terrenas, nos assusta, pois a consideramos algo muito abstrato e longe de nós, pessoas comuns. Agrava-se nosso distanciamento porque sempre fomos levados a acreditar que esta ou aquela doutrina é a verdadeira. Se não dispensamos um altar, uma vela acesa ao santo de fé, o passe magnético semanal no centro, os cânticos, as defumações, as contagens de pulsos magnéticos, o estalar de dedos, as preleções evangélicas, a água fluidificada, as essências odoríficas, como aceitar um Deus imanifesto, longe de nossas limitadas percepções?

A incapacidade de vocês compreenderem Deus em toda a sua plenitude é como a necessidade da inércia e do atrito nos mundos inferiores, que servem para despertar poderes latentes da alma. Quando um mago tenta, pelo seu poder mental, movimentar uma forma plasmada no Astral, encontrará resistência que deve ser superada. As forças contrárias que o impedem de mover, pelo pensamento, as formas sutis, são proporcionais à sua falta de controle mental. Logo, o magista, antes do conhecimento das coisas mágicas, da manipulação das energias cósmicas, terá de educar a mente. Embora para o mago neófito isso pareça um mal, na verdade não é; a força de inércia das formas astrais é o que vai levá-lo a desenvolver o controle mental.

Assim, pode parecer a vocês um mal, na vida física, o atrito de seus pés com o solo, nos momentos em que sentem dores pelas longas caminhadas; ou quando, ao levantarem um fardo pesado, sua coluna é fisgada de maneira quase insuportável. Tendem a fazer força para conseguir caminhar, pegar os objetos e movimentá-los. O esforço de superar o atrito e a inércia desenvolve habilidades. Inicialmente, quando pequenino, mal conseguem engatinhar; vejam tudo que conseguem fazer agora!

O princípio da restrição funciona na câmara de compressão, no cilindro e no pistão de possantes automóveis; o vapor é posto para trabalhar movimentando as embarcações; sem a força no pedal não é possível andar de bicicleta, e sem o atrito do ar as aeronaves não planariam, por mais potentes que fossem as turbinas. Portanto, o mal da inércia não é verdadeiramente um malefício, mas, sim, uma necessidade do Universo manifestado em que estagiam evolutivamente.

A consciência precisa da força contrária imposta pelas formas manifestadas nesta dimensão existencial, sob pena de alheamento do Espírito enclausurado no corpo denso, que, do contrário, não conseguiria perceber as nuanças da Criação em toda a sua potencialidade. As suas vibrações mais sutis passariam despercebidas pela mente rebelde, qual cavalo solto em correria desenfreada.

As formas que auxiliam a ligação com a Divindade, seja um altar, uma vela, uma imagem do santo de fé, a palavra de um orador, o passe magnético, a água fluidificada, os cânticos, a música instrumental, o Pai Velho com o galho de arruda, as contagens de pulsos e o estalar de dedos, entre tantas outras, nada mais são do que meios, para a sensibilidade embotada de vocês, de os ligarem ao Divino, que não é propriedade de nenhuma religião ou doutrina da Terra, mas de todas ao mesmo tempo.

Deus em todas está, por sua onisciência e onipresença, como afirmava nosso irmão maior, Cristo-Jesus, que não participava de nenhuma crença doutrinária de antanho: "Eu e meu Pai somos um".

O Rabi não tinha necessidade de pontos de apoio no mundo da forma para perceber o Criador incriado, em virtude da amplidão de sua consciência, adquirida em encarnações passadas em muitos planetas do Cosmo imensurável.

Percebemos que determinados indivíduos têm uma postura mentalista quanto à mediunidade, como se as catarses que acompanham as manifestações mediúnicas dos Espíritos sofredores na mesa espírita ou as incorporações nos terreiros umbandistas fossem coisas menores, até desprezíveis, em desacordo com a postura aquariana do Terceiro Milênio. Inclusive, somos sabedores de que algumas fraternidades e centros proíbem a passividade dos médiuns nos moldes descritos, alegando que isso prejudicaria os fluidos sutis com que estão trabalhando. O que tem a dizer a respeito?

Existem fatores que caracterizam forças em desequilíbrio. Quando uma energia é deslocada do espaço e do tempo adequados, o resultado pode não ser benéfico. O carvão na lareira aquece, mas se cair no tapete pode causar um incêndio desproporcional. A água encanada nos banheiros é saudável, mas se a torneira ficar aberta, com a pia tapada, irá transbordar e inundar a casa, causando um enorme transtorno. Os reservatórios de água supriram a necessidade de carregar baldes, mas, se não forem seguidamente higienizados, há o risco de um rato putrefato causar peste em toda a comunidade. Essas pequenas exemplificações ilustram deslocamentos no espaço.

O mesmo vale para deslocamentos no tempo, para o passado ou para o futuro. Se os padrões comportamentais e éticos de um nível primitivo da cultura humana voltarem será um atraso para o cidadão hodierno. Por outro lado, é um estrago maior, perante as atuais perspectivas mentais limitadas, buscarem abruptamente o futuro distante e materializarem no modo de vida presente o estágio civilizatório que será normal daqui a milênios.

Cada coisa requer o espaço e o tempo adequados. Assim como a água que sacia a sede pode afogar e o fogo que aquece também chamusca, um leão, para dormir com o carneiro, precisará alterar o seu sistema digestivo.

Os mundos superiores e o mentalismo aquariano podem ser compreendidos por seus intelectos, mas requer-se o espaço e o tempo adequados para que sejam plenamente interiorizados. A antecipação aligeirada de alguns, como se fossem eleitos "direitistas" do Cristo, demonstra a instabilidade espiritual dessas almas, que recaem em condicionamentos dispensáveis. O desprezo pelo corpo e pelas energias animais não está de acordo com a evolução da consciência coletiva e com o atual estágio vibratório da Terra.

As catarses liberam enormes quantidades de energias que são utilizadas para socorrer, recompor membros e plasmar alimentos para as comunidades do Astral inferior. O desprezo sub-reptício de alguns espiritualistas e fraternidades pelo umbral não está alinhado com o novo que os catapulta a uma postura ativa na caridade do Terceiro Milênio. Os mundos superiores são alcançados pelos simples de Espírito, que aliam conhecimento à sabedoria de como aplicá-lo, assim como fazia Jesus entre os doentes e possuídos que tinham o contato direto do Rabi. Diante da pergunta ao divino Mestre de por que buscava os leprosos, Ele respondeu: "Eu estou entre vós como o que serve". Resgatem o Cristo em vocês!

Observações do médium

É importante ficar claro que, no trabalho universalista com Apometria, devemos estar receptivos a todas as vibrações que os amigos espirituais permitem chegar até nós, sem bloqueios preconceituosos, com confiança na cobertura do "lado de lá". Vamos exemplificar.

Num recente atendimento de Apometria numa casa tradicional de Umbanda à qual estamos vinculados, uma consulente apresentava lúpus eritematoso (um tipo de tuberculose cutânea) há três anos, sem cura, mesmo tendo procurado vários médicos. Quando ela contava que a moléstia tinha aparecido repentinamente, percebemos uma iniciação do passado, ligada às energias dos antigos ritos de uma tribo da África. Então, os amigos espirituais autorizaram essas vibrações a "entrarem" na corrente mediúnica, através de manifestações mediúnicas, para desfazer um enfeitiçamento encomendado pelo ex-sogro da consulente, à época em que ela desmanchou o noivado com o filho dele, coincidentemente há três anos. Esse feitiço, realizado em sepulcro de um cemitério da cidade, estava distorcendo o merecimento e o carma da atendida.

A Espiritualidade buscou uma iniciação de passado remoto, realizada em uma tribo ancestral onde a consulente havia reencarnado, a fim de fixar certas energias originais no seu campo energético. Ou seja, não se desfez a iniciação antiga; ao contrário, ela foi polarizada, fixando-se no campo vibratório da atendida algo salutar que havia acontecido há centenas de anos.

Se tivéssemos preconceito quanto às formas com que a Espiritualidade se manifesta no plano astral, bloquearíamos a assistência do "lado de lá", necessária pela afinidade própria da consulente. A iniciação de cura na vibração de um culto ancestral, em uma tribo da velha África, neutralizou o trabalho de magia negra feita no presente, que manipulou restos cadavéricos de duplos etéricos capturados em tumba mortuária, imantando-os no campo áurico da consulente, por meio de rituais de sangue. O magnetismo intenso do sangue atrai esses cascões astrais, que assim são aprisionados.

Foi muito gratificante percebermos pela clarividência uma legião de artificiais plasmados por Vovó Maria Conga adentrando a parte física do templo e se confundindo no quadro astral que se formou, como se eles estivessem movimentando brasas de carvão no solo seco de outrora, fazendo poeira ao arrastarem galhos cheios de folhas verdes de plantas curativas, num chão de terra avermelhada de uma antiga região de um país da África.

Os guias e protetores utilizam os recursos afins para cada consciência, de conformidade com o seu merecimento e livre-arbítrio. Isso é factual, é atemporal, é da natureza, acima das nossas vontades egoístas. Eles não se prendem aos preconceitos de uma encarnação limitada no tempo.

Terminando estas observações, Ramatís nos deu a seguinte mensagem:

"Cada culto em particular deve preservar as suas características peculiares que satisfaçam as consciências, que, por sua vez, se aglutinam nas instituições da Terra. Não devem tecer julgamentos belicosos, mesmo quando se sintam entristecidos, como na ocasião dos dispensáveis sacrifícios animais que são defendidos por muitos, até em passeatas públicas. O atual estágio de consciência coletiva, estruturado pelas condutas individuais em pequenos agrupamentos, como células e moléculas que se somam formando um organismo maior, ainda impõe as separações que batizam o mediunismo na Terra. Isso acontece porque vocês não têm condição evolutiva de vivenciar em suas almas o universalismo em sua plenitude. A unificação ocorrerá quando for de senso comum que a tarefa deve ser realizada na essência do amor e da caridade, e não da forma que essa essência sublimada se manifesta aos seus escassos sentidos, presos na forma física transitória.

Ao fazerem o bem e auxiliarem o próximo junto com os amigos espirituais, nas lides da Apometria, devem estar convictos de que as vibrações e as formas astrais ligadas às nações das antigas África, Índia, Pérsia, Egito, Grécia, China, Tibete, Américas, entre outras, rotuladas pelos homens e sua religiosidade, não são o que mais importa. Mais importante é a caridade realizada em nome do Cristo, assim como Jesus praticava suas ações redentoras totalmente liberto dos templos e das religiões de sua época.

Tenham sempre o amor em seu coração no amparo ao próximo, que todo o resto necessário para o auxílio dos sofredores lhes será dado por um acréscimo da misericórdia divina."

Ramatís responde

Não podemos atuar em prol da higienização planetária, da "limpeza" das zonas subcrostais e das remoções das potestades de magia negra do umbral inferior, por meio de nossas mentalizações, apoiando os seres angélicos nessas tarefas, sem contatos com esses locais do

Além, mediante desdobramentos e projeções dos nossos corpos astrais, que ocasionam as catarses?

Nos rituais de iniciação na magia das antigas fraternidades, os mestres iniciadores diziam aos neófitos que, para receber o hálito divino da vida imortal e o vinho da vida eterna, deveriam ter matado os reis amotinados e desequilibrantes no âmago mais profundo e interno de sua própria natureza milenar inferior. A conquista do equilíbrio individual é condição indispensável para se trabalhar com a alta magia cósmica. O Espírito, para se manifestar na forma do tabernáculo físico em toda a sua potencialidade, precisa da exaltação do eu superior e o desbaste das ervas daninhas do ego. Por essa razão, no Oriente é dito que a luz interior, irradiando-se na personalidade densa, faz "explodir" o complexo de veículos do homem, advindo o inefável sentimento de unidade.

Logo, podem concluir que qualquer um que seja impuro e imoral, tendo a personalidade exaltada pelo egoísmo, não conseguirá beber do cálice sagrado, pois, pelas invocações mentais dessas forças, terá seu ego inflado, suas paixões intensificadas e forças desequilibrantes se instalarão no psiquismo desse ente que não se encontra com a consciência preparada para lidar com as potências angélicas, por mais mental que o seja.

No processo de evolução da coletividade terrícola, um grande percentual de energias cósmicas foi deslocado e absorvido por formas de pensamentos mal direcionadas. A atmosfera psíquica do planeta é densa e pegajosa, periodicamente carregada e envolta em péssimas vibrações. As almas excelsas dos seres angélicos que atuam na Terra necessitam de instrumentos compatíveis para as grandes limpezas e remoções das comunidades estratificadas nas habitações umbralinas. Os veículos densos, que são os corpos etéricos e astrais dos encarnados, constituem potentes liberadores de energias que vibram em frequência similar às requeridas para interferir nesses sítios vibracionais. Nesse sentido, o mentalismo sem atuação com os corpos inferiores tem valia como apoio vibratório. É como se fosse um serviço de engenharia em seguro laboratório, ficando as ações concretas para a infantaria da linha de frente socorrista. Cada vez mais, necessitamos de obreiros dispostos a botar a mão na massa do pão da caridade para saciar a fome dos estropiados. Jesus, o Senhor da luz crística, veio habitar entre vocês e identificou-Se com a totalidade da raça humana, amealhando para Si todas as mazelas da humanidade. Com o Seu exemplo pessoal, ultrapassou os limites assépticos dos templos, sobrepujando o distanciamento intelectual dos sacerdotes, e demonstrou o verdadeiro amor por Seus semelhantes.

Reflita sobre o verdadeiro sentido do mentalismo, enquanto são Espíritos presos no ciclo retificativo da escola terrestre. É relevante que se associem a ações práticas no vasto campo do mediunismo na Terra, como apoio aos seres angélicos nas tarefas de higienização planetária, assim como fez Jesus.

Pedimos maiores elucidações referente a esta assertiva: "no processo de evolução da coletividade terrícola, um grande percentual de energias cósmicas foi deslocado e absorvido por formas de pensamento mal direcionadas. A atmosfera psíquica do planeta é densa e pegajosa, periodicamente carregada e envolta em péssimas vibrações". Por acaso, os seres angélicos não interferem para que isso não ocorra?

Sem dúvida, as interferências se dão seguidamente, como a vinda de Jesus entre vocês e a encarnação de tantos outros Espíritos excelsos. Ademais, existem muitas estações extraterrestres os auxiliando desde os tempos mais remotos. Como essas intervenções se dão dentro das leis de causa e efeito, que determinam a evolução dos Espíritos presos na Terra, naturalmente há limitações impostas pelas leis cósmicas e respeito ao livre-arbítrio de cada cidadão e da coletividade. Se assim não fosse, não haveria o mérito do indivíduo na ascese espiritual, dispensando as encarnações sucessivas e o modelo de expansão consciencial elaborado pelo Grande Arquiteto do Universo.

No processo de evolução da coletividade terrícola, um grande percentual de energias cósmicas foi deslocado e incorporado por formas de pensamento mal direcionadas. Isso se deu pelas correntes astrais de pensamentos parasitas, oriundas das emanações mentais dos encarnados, que sustentam em simbiose as cidadelas existentes nos diversos extratos do umbral. A atmosfera psíquica do planeta, sendo densa e pegajosa, periodicamente carregada e envolta em péssimas vibrações, sustenta, por afinidade, comunidades espirituais em mesma faixa de sintonia mental.

A mais densa, a parte encarnada, mantém a desencarnada, que igualmente está fixa nas questões materiais, como um bezerro desnutrido que cresce imantado perpetuamente ao ubre da vaca.

O que é a força magnética, ou fluido magnético animalizado? Devemos deduzir que o mentalismo não libera esse tipo de energia?

Os clarividentes que conseguem observar os objetos e seus éteres constatarão uma espécie de "chama" que os envolve e que circunda igualmente os polos eletromagnéticos e os magnetos. O corpo humano é visualizado emanando essa mesma força. O uso de instrumentos de medição no plano terrestre comprovou amplamente a existência do magnetismo animal, que não é o mesmo magnetismo dos físicos e engenheiros, embora os princípios sejam semelhantes, somente se referindo ao éter e suas variações de condensação.

Não devem confundir o fluido magnético animal com a força mental. A mente é plenamente capaz de movimentar, expandir ou condensar o éter e o prana (fluido cósmico universal). Obviamente, a força magnética animal (um tipo específico de ectoplasma) pode ser direcionada e controlada pelo pensamento e pela vontade. Essa energia animalizada, quando liberada em grandes quantidades, como nas ocasiões das catarses mediúnicas, pode perfeitamente ser direcionada pela força mental do dirigente do grupo de Apometria ou do guia incorporado no aparelho. Os médiuns atuarão condensando-a ou descompactando-a, direcionando-a a determinadas formas espaciais com várias finalidades, principalmente as de cura, como as cirurgias astrais e a recomposição de membros esfacelados e tecidos perispiríticos de encarnados e desencarnados. Assim, o magnetismo animal é fundamental para os Espíritos do "lado de cá" envolvidos nas tarefas socorristas.

É marcante um exemplo de Jesus. Em meio a uma multidão esfaimada de alento espiritual que empurrava seus discípulos, que, por sua vez, tentavam manter o espaço aberto à frente deles, repentinamente o Mestre dos mestres perguntou: "Quem Me tocou?" A pergunta direta de Jesus não foi compreendida integralmente. Sendo Ele um canal de luz ativa, direta do Cristo Cósmico, a mulher que o havia tocado estabeleceu, pela sua fé, as condições necessárias para ser uma condutora do magnetismo angélico de Jesus, absorvendo uma energia dinâmica, curativa, que, emanando Dele e provinda do Alto, curou-a imediatamente, mesmo que o toque tenha sido dado nas vestes do médium do Cristo.

Constatem que, nesse caso, não atuou apenas o mentalismo crístico do Nazareno, havendo a necessidade de o seu corpo físico ser o condensador energético de sutis vibrações que eram rebaixadas por seu intermédio. Impunha-se o toque curativo, o que podem verificar também pelas constantes imposições de mãos e contatos que Ele mantinha com os enfermos.

Em face disso, podem deduzir a importância da atuação mediúnica pelo choque anímico e as catarses, repletos de magnetismo animal, fiel condensador bioenergético para os Espíritos benfeitores se apoiarem, visando a tão necessária higienização das zonas abissais do planeta.

Notamos que há uma grande valorização do poder e da força mental nas lides apométricas. Às vezes, nos parece que os corpos físicos e etéricos são dispensáveis, diante das altas energias cósmicas que são invocadas de esferas superiores elevadíssimas, por alguns operadores dirigentes. Afinal, qual a finalidade desses corpos na Apometria?

O corpo físico é um depósito de energia animalizada indispensável aos trabalhos socorristas conduzidos pelos Espíritos do "lado de cá". Se a dinâmica apométrica fosse só de altas energias cósmicas, provindas de esferas superiores elevadíssimas, não precisaríamos, nessas lides, dos encarnados, normalmente desconcentrados, irrequietos, instáveis, irritadiços e impacientes. É ilusória a aparência que a maioria de vocês assume nos dias do encontro semanal do grupo. Não bastam algumas poucas horas de aparência evangélica para se interiorizar verdadeiramente a convivência fraterna e crística.

O desprezo pelo corpo físico é um condicionamento milenar de certos cidadãos, como se o ascetismo os purificasse para os contatos angélicos. Quantos saem dos atendimentos com o estômago apertado e doído de fome? Ou com os corpos cansados pelo dia extenuante, cheio de tarefas atrasadas? Não os coloquem como santos nas lides com o Além. Seus corpos físicos e etéricos são potentes condensadores energéticos para as curas e o socorro. Por si, o poder mental dilatado dos encarnados se torna dispensável aos Espíritos benfeitores do "lado de cá", se dissociado do magnetismo animal.

Lembrem-se de que as zonas abissais e o Astral inferior estão repletos de individualidades de grande conhecimento e enormes capacidades mentais, mas incapazes de demonstrar um resquício de amor, por mais singelo que seja. As energias sublimadas das altas esferas se movem pelos sentimentos verdadeiros, e o amor é e continuará sendo o motor do combustível cósmico. O conhecimento sem sentimentos elevados movimenta facilmente as formas mentais pardacentas e pestilenciais próprias de corações áridos e exaltados pelos egos avantajados.

Diante desta assertiva "[...] o poder mental dilatado dos encarnados se torna dispensável aos Espíritos benfeitores, se dissociado do magnetismo animal", perguntamos: é possível o exercício do poder mental num encarnado sem envolvimento com o magnetismo animal?

Sim, pois o corpo mental – referimo-nos ao inferior – continuamente emite ondas mentais, espécie de pensamento que atravessa as dimensões mental e astral.

Nos grupos de Apometria, essas ondas de pensamento são potencializadas e atingem mais facilmente os alvos visados, seja o consulente no local ou o atendido distante, encarnado ou desencarnado. A força e a eficácia com que essas ondas penetram nos corpos mentais são proporcionais à frequência com que são emitidas. Envoltas de intenções altruístas e objetivos de auxílio ao próximo, alcançam uma escala vibracional que "foge" da escória dos subplanos densos do Astral inferior, das barreiras pestilentas que pairam no invisível próximo à crosta planetária. Essas camadas são recheadas de matéria astral formada pelas emanações mentais da maioria da população, provindas de desejos oriundos do egoísmo, da vaidade, concupiscência, gula, sensualidade e tudo que aprisiona o corpo mental inferior do cidadão comum nas sensações dos corpos astral e físico.

As ondas de pensamento elevadas, sustentadas pelas contagens de pulsos magnéticos dos agrupamentos apométricos, movimentam a matéria mais elevada do plano mental. Essas irradiações registram, no corpo mental inferior dos atendidos, impressões positivas e benfazejas que o auxiliarão a mudar comportamentos atávicos, alterando a fixação em monoideias que disparam os transtornos anímicos. Por isso, é fundamental o hábito da meditação, adestrando o corpo mental a emitir pensamentos puros, amorosos, desinteressados, elevando a faixa de frequência das ondas de pensamento.

Tenham consciência de que são uma potência cósmica para o bem, no simples ato de pensar. O poder do pensamento de vários seres unidos em prol do auxílio ao semelhante é extremamente benéfico, em razão da potencialidade que a união em um mesmo ideal proporciona quanto à emissão, força e ao alcance das ondas mentais. Contudo, não é o suficiente. Se assim fosse, não precisaríamos dos encarnados. Bastaria que nos reuníssemos no Espaço e atuássemos, por intermédio das mentes dilatadas dos Espíritos de longa data libertos do ciclo carnal, em favor dos que ainda se encontram retidos nas encarnações sucessivas. Repetindo-nos: são necessários o ectoplasma e o magnetismo animal para que possamos socorrer, recompor membros e criar formas nas regiões umbralinas – o grande foco das intervenções do "lado de cá".

Como contribuímos com o nosso magnetismo animal e doamos ectoplasma?

De forma natural, o duplo etérico, quando levemente distanciado do corpo físico, se torna uma "usina" fornecedora dessa substância altamente plástica entre os planos astral e físico. Quando sofrem as catarses emotivas, há a liberação de enormes quantidades desse combustível animalizado, o que difere totalmente de atividades mentais de irradiação. Cabe-nos elucidá-los que, raramente, nos encarnados, o corpo mental inferior atua em separado do corpo astral, o que esclareceremos mais adiante no capítulo "Viciação mental-emocional".

As ondas mentais referidas acima seriam as formas de pensamento?

Toda onda mental é um tipo de pensamento, mas nem todas criam as formas de pensamento. Há de se avaliar que as formas de pensamento pairam no éter, no plano astral e no plano mental, dependendo de sua origem. Quando originária das emoções e dos sentimentos atuarão no Astral. Todavia, podem ser plasmadas no plano mental, como são as formas de pensamento dos campos de força da Apometria, direcionadas para auxílio a um ente. Por exemplo: aquelas que têm finalidade de proteção e são fixadas em volta da aura do corpo mental inferior e astral do auxiliado, na sua residência ou local de trabalho.

Podemos afirmar que as formas de pensamento são "entidades" vivas animadas pela ideia que as gerou.[6] As puras formas de pensamento do plano mental interferem no plano astral; o contrário não se dá, pelo simples fato de que as frequências mais altas interferem nas mais baixas, interpenetrando-as, sendo impossível o inverso ocorrer.

Pode falar-nos mais detalhadamente sobre o papel dos sentimentos na criação de formas de pensamento? Isso é importante para que possamos explorar nosso potencial anímico na dinâmica apométrica?

Sem dúvida, os pensamentos enviados a um consulente, sendo meramente contemplativos, terão dificuldade de impressioná-la. Como, em sua maior parte, as pessoas estão retidas nas emoções oferecidas pelo corpo astral, as formas de pensamento desprovidas de sentimentos não influenciam a contento os entes visados por meio desse veículo. Por outro lado, a afeição e o amor, quando se aliam às ondas de pensamento do corpo mental inferior do sensitivo, criam e atraem matéria afim do plano astral, moldando uma forma de pensamento que podemos denominar de astral-mental, que fica impregnada do sentimento que a gerou e é mais facilmente fixada no corpo astral do consulente visado.

Com certeza, uma forma de pensamento de doação e sentimentos amorosos, enviada por um grupo de Apometria coeso e unido em prol da caridade, com o fito de auxiliar alguém, seja encarnado ou desencarnado,

---

6 "Os pensamentos são coisas", diz velho aforismo oriental.

se imanta ao corpo astral do endereçado, descarregando sobre ele, gradativamente, a sua quota de energia. Dessa maneira, provoca vibrações e sentimentos similares aos que a criaram, intensificando os existentes em proporção à força mental do grupo que a remeteu, causando finalmente o bem-estar desejado no consulente.

No envio dessas formas de pensamento fazem diferença a distância e a localização do consulente? É só o corpo astral que é atingido?

As formas de pensamento das pessoas comuns são difusas, esparsas e se perdem a pouca distância. Com o adestramento mental, a "vida" das formas de pensamento se prolonga. Claro está que as formas de pensamento criadas por um grupo de Apometria eficiente não encontram distâncias que sejam impedimento. O consulente não precisa estar presente. Obviamente, a prece de uma mãe amorosa pelo seu filhinho atingirá alcance inimaginável a vocês no Universo infinito.

O amor e o desejo de proteger algo ou alguém, quando direcionados de maneira concentrada num grupo de Apometria, oferecem aos Espíritos benfeitores potente condensador energético que será fixado na aura do consulente, de forma a repercutir mais diretamente nos corpos mental inferior e astral, "descendo" através do duplo etérico até chegar ao metabolismo corpóreo, que envolve receptores bioeletromagnéticos e mediadores químicos, próprios ao equilíbrio do ente.

Os corpos mental inferior e astral são mais facilmente impressionáveis por ser neles que primeiramente se instalam as energias negativas, espécies de vórtices desequilibrantes que causam os mais diversos transtornos espirituais e físicos. Por outro lado, para os Espíritos que dão cobertura aos grupos de Apometria, as formas de pensamento emanadas servem de apoio para que, aumentando sua potência energética, possam impressionar mais facilmente os corpos mental inferior e astral dos consulentes, presentes ou a distância, de acordo com as leis naturais de transmissão do pensamento e da força mental que regem os procedimentos apométricos e a movimentação de energias no Universo.

Na Umbanda, recomenda-se muito cuidado na emissão de pensamentos nos trabalhos de magia, que sempre devem ser para o bem, senão haverá o risco de que retornem para o emissor. Isso é possível?

Uma forma de pensamento, para atingir um ente, deve encontrar afinidade. Os afins se atraem. É uma das leis cósmicas imutáveis, sendo improvável que uma forma de pensamento criada para o mal consiga se fixar no campo áurico de um homem totalmente devotado ao bem e que não tenha registros negativos, atemporais, de vidas passadas, impressos em seu corpo mental inferior.

Observem que os missionários são "inatingíveis". Suas vibrações crísticas são como uma barreira intransponível para tudo de mal que se possa desejar contra eles. Dessa estirpe, temos seres da envergadura de Chico Xavier, Mahatma Gandhi, Allan Kardec, Zélio Fernandino de Moraes, Francisco de Assis, Apolônio de Tiana e o inigualável Jesus.

O risco que corre o mago negro é que o mal que deseja, ao criar suas formas de pensamento contra um homem de bem, retorne em igual ou maior proporção para si, pois, ao não se fixarem no alvo visado, essas formas se voltam para o seu criador, pela lei natural de atração. Por isso é que, na Umbanda, existem os locais de descarga dentro do templo, para onde todas as formas de pensamento que tentam atingir a corrente mediúnica são direcionadas e desintegradas na natureza, quando não retornam aos seus mandantes.

Solicitamos maiores elucidações sobre o retorno à origem das formas de pensamento quando não conseguem atingir o alvo, pela importância do tema, que nos parece ser um dos princípios basilares da magia. Pensamos ser fundamental à segurança dos sensitivos, na Apometria ou na Umbanda, que na maioria das vezes são alvos de assédios pelos interesses malévolos que contrariam. É assim?

Essa é a razão pela qual os aprendizes de outrora, candidatos a iniciados, passavam anos de preparação antes de começarem os trabalhos práticos de magia e as incursões no mundo oculto. A mente pura e adestrada pelos pensamentos disciplinados e o coração tomado de bons sentimentos são as melhores proteções contra os assédios das sombras. Os exercícios de preparação, que duravam anos, naqueles que conseguiam suportar até o final todas as iniciações diante dos severos iniciadores, "construíam" nos corpos mental e astral matéria mais sutilizada, tirando-os da faixa de frequência das vibrações baixas e densas e dos ataques das zonas trevosas do Espaço.

Os magos brancos de antigamente sabiam que os maus pensamentos projetados contra os corpos purificados retornariam pelas mesmas linhas magnéticas que os trouxeram, levando-os de volta aos emissores. O mago negro, criador da forma de pensamento maldosa, impregnada de baixas vibrações, possuindo em seus corpos matéria similar a ela, naturalmente sintoniza com tais vibrações enfermiças, sofrendo os efeitos de arraste da "entidade" que ele mesmo plasmou para o mal, afetando-o mental, astral e fisicamente.

As mentes são como transformadores de voltagem: estão sempre criando, por meio de contínuas ondas emitidas, formas de pensamento astral-mentais que servem como poderosos condensadores das energias cósmicas.

Num templo consagrado, todas as emanações mentais são utilizadas para o bem, e os fiéis e crentes estabelecem uma ponte que faz fluir as forças divinas que se rebaixam para os auxiliar. Da mesma forma, em todos os lugares em que vocês se encontram, podem estar sendo criadores ou alvos do processo inverso, em que mentes empedernidas no mal anseiam por seus pensamentos, eivados de egoísmo, que farão o corpo mental inferior "exigir" ao corpo astral que expresse sentimentos negativos, advindo então as formas de pensamento pardacentas, densas, pegajosas e causadoras de mal-estar, que se tornam valiosos artificiais para os magos negros.

Projetar e materializar nas dimensões rarefeitas as formas que suas mentes constroem é lei da natureza. O que os sensitivos devem saber é que para manipular as energias cósmicas para o bem, no auxílio ao próximo, devem ter em si as fortalezas crísticas do amor, do altruísmo e do desinteresse pessoal, o que os fará instrumentos seguros para os Espíritos do Além.

3
Relato de caso 1

Consulente: ISB, 20 anos,
sexo feminino, solteira, espírita

História clínica

A consulente chegou ao grupo por indicação de um centro espírita da região metropolitana de Porto Alegre. Ela está frequentando a escola de médiuns e atualmente é atendida em pronto-socorro espiritual. Mostra-se agitada, de olhar esgazeado, com profundas olheiras e dificuldade de falar ordenadamente. É audiente desde os 6 anos de idade.

De dois anos para cá, intensificaram-se zumbidos nos ouvidos, como um som metálico de espadas tocando uma na outra. Uma voz, que diz se chamar Ezequiel, fala com ISB desde os 6 anos. Por meio da vidência, ela desenhou esse "amigo" espiritual: loiro, olhos verdes, alto.

O primeiro contato com tal ser extracorpóreo começou logo após a realização de uma cirurgia astral no joelho, na época da idade citada.

Desde tenra idade, sempre teve facilidade de prever pequenas ocorrências do futuro. Gosta de jogar cartas para as amigas que a procuram, ocasiões em que a voz de Ezequiel lhe diz os acontecimentos que irão acontecer, coisa que muito a anima, pelo reconhecimento elogioso. Nos últimos três dias, ela não conseguiu dormir. Escuta ininterruptamente a população desencarnada a falar-lhe impropérios. Enquanto aguardava para ser atendida, ameaçaram-na com palavras chulas, para que não entrasse na sala do grupo.

Atendimento, técnicas e procedimentos

A paciente foi desdobrada e, após as contagens iniciais, um dos médiuns do grupo enxergou Ezequiel: é como descrito por ISB na parte da frente, mas na outra metade, ou seja, atrás, é pardacento e viscoso, sem dúvida tipificado como um habitante das baixas zonas umbralinas. Imediatamente, o dirigente procedeu à criação de campo de força de retenção, e a entidade manifestou-se por meio da psicofonia, em outro sensitivo. Irado, não aceitou que sua médium fosse retirada dele; gritou, chorou e se debateu, dizendo para ISB não abandoná-lo, não esquecê-lo. Ao mesmo tempo, detectou-se faixa de ressonância do passado entre ambos, em que ela era uma cigana andarilha, vidente, *expert* na quiromancia para ganhar dinheiro nas praças públicas, enquanto ele praticava pequenos furtos nas casas dos curiosos que davam os endereços e os detalhes dos seus objetos de valor.

Foi realizada a despolarização de estímulo de memória, e Ezequiel foi encaminhado a um hospital do Astral. As técnicas apométricas foram apoiadas pelos cânticos de Ogum e Oxóssi, seguidos das manifestações de Caboclos dessas linhas vibratórias.

Ao final desse primeiro atendimento, foi criado um campo de força de proteção na casa da consulente: um triângulo esmeraldino com uma chama violeta dentro, servindo também de sinalizador de que aquela residência estava sob proteção temporária de uma legião de Exus do organizado movimento de Umbanda no plano astral, até o reequilíbrio da consulente.

Orientação

Foi sugerido que a consulente persista tanto na educação mediúnica como no pronto-socorro espiritual no centro espírita que frequenta, assim como que reveja os seus valores. ISB deverá procurar desligar-se do "príncipe" encantado que a mimava em seus sonhos de sensitiva, enchendo-a de vaidade, o que o "alimentava" e fortalecia pelas emanações fluídicas de admiração emitidas pelas amigas da consulente, que regularmente jogavam cartas com ela para saber o futuro.

Conclusão e histórico espiritual

Quando realizou a cirurgia astral aos 6 anos, Ezequiel aproveitou-se do desdobramento de ISB para se aproximar. Já pulsava no inconsciente da atendida a falta do parceiro de estripulias ilegais de outrora. Ela, tendo reencarnado antes, pois ele ainda estava retido nas zonas umbralinas, emitia inconscientemente pensamento fixo chamando-o para perto de si.

Durante o atendimento coletivo a distância, ao ser induzido o desprendimento de seu corpo astral para cirurgia, não houve a devida cobertura de guardiões espirituais para a tarefa dos médicos extrafísicos, provavelmente em razão do excesso de consulentes e mentalismo da corrente mediúnica que a atendeu. Estabeleceu-se, então, a frincha vibratória para que o Espírito obsessor se fixasse no campo áurico da atendida, que ficou momentaneamente desprotegida, em sua residência.

A partir de então, Ezequiel estimulou prematuramente os chacras e a sensibilidade mediúnica de ISB, por meio de manipulação magnética apropriada, cativando-a rapidamente, pois a conhecia melhor do que ela mesma. Durante todos esses anos, ficavam juntos no sono físico (ISB retornando à forma perispiritual da época de cigana andarilha). Esses laços do passado foram "desconectados" pela despolarização de estímulo de memória.

Posteriormente, em revisão realizada, ISB mostrou-se calma, conseguindo concentrar-se e desviar o pensamento quando querem "soprar" algo aos seus ouvidos. Continua frequentando a escola de médiuns e assistindo às palestras semanalmente. Foi reforçado para a consulente que é imprescindível não valorizar os fenômenos propiciados pela mediunidade e persistir na educação mediúnica.

4
Pontos de fixação mental na Umbanda

Ramatís responde

As filosofias orientalistas e os sacerdotes católicos, ao longo dos tempos, sempre preconizaram que uma vida ascética nos purificaria, facilitando a comunhão com os santos. Podemos aceitar isso como verdadeiro?

Os ensinamentos filosóficos que orientam a diminuir os excessos corpóreos do homem, como a glutonaria, os saraus etílicos, a baixeza moral em busca das satisfações animalescas descontroladas, caracterizando um roteiro a ser seguido junto com os conteúdos morais orientalistas, sofreram ao longo do tempo as radicalizações inerentes aos homens, na maioria das vezes parciais em suas interpretações. De que adianta a um aprendiz iogue passar décadas numa vida isolada de eremita se não há obras concretas que eduquem os sentimentos para o amor, o altruísmo e a fraternidade?

Um ser humano sadio não pode sentir repulsa pelo seu corpo a ponto de demonstrar comportamento mórbido. Uma mente afastada e isolada do meio social não constitui alicerce sólido para o desenvolvimento espiritual, muito menos para a compreensão do Divino. As mentalidades doentias que são arrebatadas pelo ego inferior elaboram interpretações equivocadas na relação com os planos suprafísicos. O exemplo de Mahatma Gandhi, Buda e Jesus, verdadeiros iniciados, os levará a compreender que a frugalidade com as coisas materiais e corpóreas passa longe das radicalizações egoístas.

Os teólogos e sacerdotes católicos quase sempre colocaram a austeridade física como condição imprescindível à elevação espiritual. Como conceber a crença e o louvor a Deus proibindo, condenando e reprimindo a vida matrimonial de seus adeptos? A manifestação do Espírito no corpo denso sexuado e a união entre pares foram criações do Pai para permitir a complementação espiritual e amorosa na Terra, pálido arremedo, nos planos material e morfológico, da Unidade universal além da forma, transcendente e assexuada.

Ocorreu que, diante de um paganismo degenerado, os clérigos do catolicismo, apavorados pela libertinagem, se refugiaram num falso ascetismo, pois o verdadeiro ato de transcender impõe equilíbrio dentro da civilização em que o Espírito reencarnou. Não é possível interiorizar o que não existe dentro de si – o que explica os desmandos comportamentais e os abusos do clero na história.

Esses registros (no Ocidente, a pregação moral sem conduta pessoal; no Oriente, o ascetismo e a falta de obras práticas) são exemplos de doutrinas baseadas na falsa moral e nos frágeis costumes de uma época, em vez de sustentadas nos sólidos e verdadeiros princípios universais que regem a harmonia no Cosmo. Desaparecerão totalmente ao longo do tempo, embora surjam lapsos atávicos em muitos cidadãos.

A magnetização de roupas dos consulentes que se encontram a distância, muitos acamados, como ocorre nos terreiros de Umbanda, não é um exagero de fetichismo, materialmente dispensável?

Quando o médium magnetiza as roupas, por meio da imposição das mãos, assovia expelindo baforadas do charuto, balança o corpo como um Caboclo Xamã, encontra-se de cintura curvada em trejeitos de Pretos Velhos, ou faz as tradicionais cachimbadas, está agindo como veículo, mas o elemento fundamental para as curas está estabelecido nele, no próprio aparelho mediúnico. É o seu magnetismo animal, rico em ectoplasma liberado por esse tipo de catarse mediúnica, que será o intermediário entre os planos sutis, etéreos e astrais, onde muitas outras essências e vibrações serão acrescentadas pelos operosos Espíritos que labutam nos terreiros. Por intermédio desse amálgama curativo, atingirão o complexo astral, etérico e físico do acamado que se encontra distante.

Ocorre que as fibras dos tecidos que compõem as roupas ficam "carregadas" do magnetismo peculiar dos que as usam. Assim como as digitais ficam impressas no papel quando vocês mancham os dedos de tinta, igualmente o magnetismo pessoal impregna os objetos quando há o direcionamento pela vontade educada. Também se fixam vibratoriamente nos objetos as "coordenadas físicas" dos que utilizam regularmente crucifixos, pingentes e correntes de diversos tipos de metais. Os fundamentos são idênticos aos da fluidificação da água nos centros espíritas, que tecnicamente pode ser denominada de magnetização.

Na Umbanda, esses vestuários servem de verdadeiras "coordenadas vibratórias", através do magnetismo individual de cada um, para a movimentação espiritual dos socorristas até os locais em que se encontram os enfermos, como se fosse uma posição precisa de um ponto no Espaço. Logo, não considerem um exagero de fetichismo, mas, sim, algo com fundamento no vasto campo de magnetismo.

Percebemos que as magnetizações, desmagnetizações, exorcismos e consagrações de objetos são comuns na Umbanda, nos seus usos e costumes ritualísticos. Pedimos maiores considerações sobre o tema.

Há de se afirmar que o fluido magnético é neutro, peculiar atomicamente a cada objeto no Universo. Os magos dos terreiros impõem as impressões de suas educadas mentes para alterar a contextura vibratória original desses condensadores energéticos físicos. A finalidade precípua é de cura, segurança contra miasmas ou descarga de morbos psíquicos, placas e fluidos pestilentos os mais diversos (restos astral-etéricos, como se fossem lixos que têm de ser removidos e devolvidos à natureza).

A desmagnetização é realizada com o fito de "purificar" um objeto que se encontra com baixas vibrações. Na frente do congá (ponto focal de todo o trabalho mágico dos terreiros), o médium coloca a corrente, a medalha, o pingente, a pedra ou o tecido, para ser reestruturado magneticamente pela força mental do diretor encarnado, que, por sua vez, está mediunizado com o guia responsável por esse tipo de tarefa, comum na Umbanda. O processo é levado a efeito pelos cânticos de justiça e demanda de Xangô e Ogum.

Ao mesmo tempo em que esse ritual é realizado, no plano astral são socorridos os Espíritos sofredores e encaminhados os obsessores para os devidos locais de retenção. Lá, se avaliará a situação cármica individual desses entes do Pai, que precisam urgentemente de esclarecimento para retomar o caminho que os conduzirá à estação angélica de amanhã. Feito isso, é possível uma nova magnetização do objeto e a sua consagração na corrente mediúnica formada, o que o libera para a utilização pelo possuidor.

Nas magnetizações e desmagnetizações de guias, talismãs, correntes, pingentes, que são metais e minérios da natureza, a água se mostra excelente meio de fixação vibratória. Por esse motivo, nos rituais próprios da Umbanda, é comum que esses objetos sejam colocados dentro de um copo ou uma tina.

Na resposta à questão n. 553 de *O livro dos Espíritos*, encontra-se a seguinte afirmação: "[...] não há nenhuma palavra sacramental, nenhum sinal cabalístico, nenhum talismã que tenha qualquer ação sobre os Espíritos, porque eles são atraídos pelo pensamento, e não pelas coisas materiais". Pedimos seus comentários a respeito.

Sem dúvida, os Espíritos são atraídos pelos pensamentos afins e pelos sentimentos similares. No entanto, considerem a habitual desconcentração mental de vocês e concluirão que as palavras sacramentais, os mantras, os cânticos, as preces iniciais, os sinais geométricos e cabalísticos, os talismãs, as guias, as imagens pictóricas, o congá, o altar, o santo de fé e a água fluidificada são recursos válidos para os encarnados acalmarem suas agitadas mentes, se concentrarem e conseguirem ter um fluxo de pensamento contínuo e concentrado para a sintonia com os Espíritos do "lado de cá".

Aliado a esse fato, servem de pontos de fixação e apoio mental para a elaboração de formas de pensamento que, quando vocês estão reunidos em grupo, criam as egrégoras, potentes aglutinações energéticas manifestadas no fluido cósmico universal peculiar ao plano astral. Conjugadas com o fluido animal, criam o amálgama que se requer para a cura dos sofredores desencarnados, retorcidos de dores por membros esfacelados, ferimentos e perturbações diversas. Ainda permitem plasmarem-se objetos, instrumentos, benfeitorias e habitações exigidas pelos centros socorristas no umbral inferior.

Como é o pensamento que age, os talismãs e as outras formas materiais são apenas sinais que ajudam a direcioná-lo, como é respondido na questão n. 554 daquele importante livro doutrinário. Obviamente, isso não deve conduzi-los excessivamente a esses objetivos materiais, e sim aos valores alicerçados na moral e na conduta evangélica.

Claro está que o conhecimento do esoterismo, da astrologia, dos Orixás, do magnetismo, da física, da química, da Apometria, das escolas orientalistas, da magia e do ocultismo, de maneira geral, contribuirão para que tenham fundamentos no manuseio desses elementos materiais, tão importantes no mundo das formas para as suas concentrações. Todavia, não devem se deixar aprisionar pela manipulação desses recursos, ou se tornar dependentes dos rituais.

Avaliem sempre os trabalhos que são realizados em desdobramento astral durante o sono físico, em que podemos criar, através do ectoplasma, as formas necessárias para socorrer, respeitando as peculiaridades de cada consciência que está evoluindo. Assim, a inferioridade e a fraqueza de ideias que os expõem aos Espíritos zombeteiros, que abusam de sua credulidade, não está em usar ou não ferramentas materiais, e sim em suas intenções íntimas. Ao dispensarem a manipulação dos elementos materiais e as formas verbalizadas, não se considerem superior aos irmãos de senda evolutiva, como os da Apometria e da Umbanda. De nada adianta o mentalismo ao espiritualista desprovido de fraternidade, amor, humildade e solidariedade crística.

É possível falar-nos algo mais sobre as consagrações?

Na magnetização, o poder mental do médium é potente dínamo para todo o processo. Já nas consagrações, que ampliam o magnetismo aplicado, há a intenção coletiva de que o objeto venha a ser o veículo condensador, dentro do ritual da Umbanda, o ponto de apoio mental de quem o utilizará, direcionado a um determinado fim, normalmente de proteção e fixação vibratória dos Orixás, guias e protetores do médium. Na ritualística, o objeto estando consagrado, fica o médium autorizado a utilizá-lo normalmente no transcorrer dos trabalhos mediúnicos e, se for o caso, fora do terreiro.

Um ritual de consagração muito conhecido faz parte da "magia da missa". A purificação do pão e do vinho, as bênçãos circunspectas, a prece de consagração acompanhada de cânticos coletivos, a lembrança e a comemoração da eucaristia, a invocação cerimonial do Cristo-Jesus, mais a intermediação dos elementos oferecidos, verdadeiros catalisadores mentais dos assistentes, criam formas de pensamentos grupais. É uma egrégora coletiva que oferece as condições vibratórias necessárias para o enorme rebaixamento de energias angélicas que chegam até vocês do Espaço, aliviando-os dos males existenciais, verdadeiramente como se o Cristo estivesse pulsante em seu interior.

A menção à eucaristia, um dos sete sacramentos da Igreja Católica, como parte cerimonial da "magia da missa" nos parece um tanto inusitada. Poderia discorrer algo mais a respeito? Esse enfoque não causará desconforto nos partidários do cristianismo?

O desconforto não ocorrerá aos que se detiverem na doutrina central, crística e universalista de Jesus, repleta de menções ritualísticas, esotéricas e mágicas. A eucaristia, simbolicamente representando o Cristo Cósmico presente, os elementos materiais, o pão e o vinho, representando o seu corpo físico (sangue, alma e divindade simbolizados na personificação de Jesus na Terra), devem levar ao entendimento de que a encarnação é um ato supremo e magnífico da magia universal provinda de Deus. O Mestre dos mestres, quando esteve entre vocês, sabia que o Verbo divino se transforma em carne e habita entre vocês, pois Seu poder inunda toda a Terra e está em cada um de vocês, que têm a potencialidade Dele que os criou.

O Espírito acrisolado na forma física, tantas vezes quantas sejam necessárias à sua libertação definitiva do plano material, ao longo de eras infinitas, é levado à necessária expansão da consciência para galgar os primeiros degraus de sua volta ao seio da realidade sem forma do Pai. Dos primeiros estágios, segue no longo processo de individualização da mônada (a centelha espiritual), iniciado desde o momento que ela foi criada pelo Supremo Ser. E inexoravelmente retornará, como individualidade espiritual, à Unidade cósmica, reintegrada ao Todo universal.

Solicitamos mais comentários sobre a denominação "magia magnética", um tanto usual na Umbanda, na Apometria e no esoterismo. Isso não seria mera sugestão mental?

O Ocidente iniciava os estudos sobre as forças da natureza, como a gravidade, o magnetismo e a eletricidade, quando Mesmer tornou-se o centro das atenções por seu trabalho com curas fenomenais, trazendo a teoria que viria a ser conhecida como mesmerismo.[7] Na verdade, Mesmer compreendia o Universo como uma unidade viva, onde cada parte manifestada no mundo das formas era afetada por uma força incompreensível ao cidadão comum. Ele afirmava que essa força era alheia às reconhecidas pelo mundo científico convencional, particularmente se manifestando por meio do fenômeno do magnetismo. Por esse motivo, não apresentou totalmente a sua teoria aos cientistas da época, quando da sua tese de doutoramento, pois antevia que seria incompreendido.

Logicamente, fazendo os homens parte do plano físico e sendo partículas manifestadas no Cosmo, Mesmer concluiu que essa força era igualmente irradiada pelos organismos humanos, então convencionou chamá-la de magnetismo animal.

---

7 Mesmerismo é a teoria de Franz Anton Mesmer (1733-1815), médico austríaco, segundo a qual todo ser vivo seria dotado de um fluido magnético e capaz de transmiti-lo a outros indivíduos, estabelecendo-se, assim, influências psicossomáticas recíprocas, inclusive com fins terapêuticos – é o magnetismo animal.

Na verdade, os corpos físicos são como magnetos, com polos eletromagnéticos bem definidos, conjugados às emanações que perpassam pelo duplo etérico, próprias do metabolismo fisiológico. Disso resulta a produção dos diversos tipos de ectoplasma, uma substância sutil entre o material e o éter, que pode ser direcionada pela força mental adestrada, pelo pensamento e pela vontade. Essa chamada energia zôo da Apometria pode ser acumulada, expandida, compactada, absorvida ou isolada com maior potencialidade quando a força mental do mago se alia a certos elementos materiais, como os metais, minerais, óleos, a água, as ervas e até alguns tipos de tecido, papel e madeira, como os utilizados na magia dos terreiros de Umbanda.

A ciência terrena já comprovou, mediante estudos experimentais inquestionáveis, que a força magnética emitida se reproduz no objeto ao qual está direcionada, como se fosse uma cópia de sua própria vibração. Muitos dos objetos pessoais são uma extensão magnética do cidadão que os usa habitualmente. Assim, o mago que projeta a sua vontade e poder mental concentrado nesse ponto focal poderá movimentar forças similares invocadas pelo seu poder mental ou do próprio consulente, se for participante ativo do ato de magia.

Assim como ocorre na Apometria, na Umbanda o magnetismo animal ou magia magnética é fundamental, aliado a outros tipos de fluidos que os técnicos do "lado de cá" movimentam e que, por repercussão vibratória natural, decorrente da força centrípeta do conjunto dos corpos astral e etérico, acabam afetando o corpo físico dos atendidos, propiciando as curas. Esse mecanismo é mais atuante em Espíritos desencarnados socorridos, quando recompomos membros esfacelados, realizamos cirurgias e trocamos as vestes maltrapilhas por roupas novas.

Tenham em mente que os chamados "milagres" propiciados pela magia não são contrários à natureza e aos seus elementos manifestados na Terra. Aquilo que não conhecem pode ser contrário à sua natureza, um tanto refratária a qualquer nota diferente do diapasão a que suas casas mentais estão habituadas. Claro está que sem a sugestão mental nada se faz na magia e na caridade que envolvem o mediunismo.

5
Atos ritualísticos na dinâmica apométrica

Ramatís responde

Apometria é magia?
Se vocês verificarem os compêndios disponíveis, que são considerados tratados de magia pelas escolas esotéricas e de ocultismo, entenderão que o pressuposto básico de todo trabalho mágico é a força mental utilizada conscientemente para determinados fins, envolvendo a manipulação de energias relacionadas com o Universo manifestado, dos planos astral, físico e etérico. As invocações dos Espíritos da natureza, as formas geométricas, como pontos de apoio à concentração mental, a criação de campos de força magnéticos, os cânticos e mantras, as contagens e o estalar de dedos são milenares e associados aos trabalhos práticos de magia. Sendo assim, afirmamos que Apometria é a mais pura magia.

Isso não denota nada de excepcional, misterioso ou fantástico. A magia sempre esteve fundamentada em princípios científicos, da física, da química e da matemática, entre outras ciências. Por ser oculto, não quer dizer que não possa ser conhecido e dominado racionalmente à luz da inteligência e capacidade mental dos cidadãos da atualidade. O desconhecido e os planos suprafísicos se regem por leis harmônicas, como tudo no Cosmo. Gradativamente, os homens vão tendo acesso a esses conhecimentos da magia, e o secreto e o misterioso vão se tornando senso comum.

Somos de opinião que as preces iniciais, as contagens de pulsos magnéticos, as formas geométricas verbalizadas e a criação de campos de força, os cânticos e o estalar de dedos, que fazem parte do roteiro de abertura nos grupos de Apometria, nada mais são que um ritual, embora sem o apoio em condensadores energéticos materiais. Diante do mentalismo da Nova Era e do racionalismo espírita, esses procedimentos não são dispensáveis? Ainda precisamos de atos ritualísticos?

Sem dúvida. Ficarão surpresos ao saber que no Espaço se utilizam os rituais. A ideia preconcebida de que o mentalismo predomina nos planos sutis não faz com que se dispense os ritos, o método, a ordem, a hierarquia, a disciplina e os procedimentos necessários para se manipular a massa amorfa que é o fluido cósmico universal, que, por sua vez, é a matéria-prima que anima todo o Universo manifestado na forma.

Não basta somente a força mental das potestades angélicas. Existem atividades cocriativas com o Pai que não conseguem compreender em sua totalidade universal. É como se fôssemos eternos aprendizes da magia cósmica, pois as forças com as quais lidamos nas altas esferas vibracionais requerem "treinamentos" cada vez mais refinados. Os princípios pelos quais os maiorais se regem para conferir o aprendizado não diferem da aplicação ritualística no interior dos templos pelos magos iniciadores.

É preciso rever a opinião de que os elementos materiais são prescindíveis nos rituais, premissa equivocada que cria objeções por incompreensão. O mentalismo não dispensa a ritualística, o que não quer dizer apego excessivo aos cerimoniais, objetos e às formalidades dispensáveis. Existem ritualismos mentais que impõem a utilização das formas que animam as dimensões superiores, o que não conseguimos descrever completamente por absoluta falta de palavras em seu acanhado vocabulário atual.

A intenção é fundamental para a mente estar direcionada às energias invocadas e evocadas. A educação mental se apoia em ritos internos, por intermédio dos quais se movimenta a matéria-prima universal que anima tudo e todos no Cosmo. Os seus princípios, imutáveis, requerem ininterrupta dilatação mental para que o mago se conecte com a Unidade que permeia e tangencia o Infinito. Assim, quanto mais ampliada a atuação do Espírito, tanto mais se exige dele o cumprimento das regras que mantêm a harmonia do Todo, como um cientista que tem uma sequência a ser cumprida para misturar as essências químicas: se não for rigidamente seguida, pode explodir o seu laboratório.

Esse exemplo ilustra, na devida proporção, os ditames do ritual divino que ordena a manipulação das energias cósmicas, elaborado pelos maiorais sidéreos, a que todos devem se submeter, inclusive para a criação de mônadas espirituais, algo que absolutamente fugiria a atual capacidade de entendimento humano.

Observamos que alguns companheiros espíritas apresentam intenso pânico à simples menção da palavra "magia". Ficam paralisados, trêmulos e suando frio quando se defrontam com um consulente que se diz objeto de "trabalho feito". Existem perigos mentais ou emocionais no estudo e na prática da magia, nos moldes da Apometria e da Umbanda, que justifiquem tais reações? Ao lidarmos com os elementos e os Espíritos da natureza, pode haver desequilíbrios psicoespirituais?

Devem sempre ter em mente que vocês são uma individualidade em evolução que ainda não concluiu o processo de individuação espiritual. Em cada encarnação, como escola do Espírito retido no ciclo carnal, se impõe a ele a construção de uma personagem para a estada terrena, complexa e "torpedeada" por reminiscências do inconsciente, ressonâncias de vidas passadas que pulsam da mente e se instalam na rede neuronal. Quando o indivíduo inicia os trabalhos práticos de magia que envolvem mediunismo, seja na Apometria ou na Umbanda, atrai todos os traumas reprimidos do passado, que vão se integrando à consciência. Assim, pode acontecer de alguns neófitos na magia começarem a apresentar sinais de instabilidade psíquica, o que não se deve ao estudo e à prática da magia em si, mas às disposições que os assolam do mais íntimo do ser.

Na maioria das vezes, sendo o grupo experiente e conduzido por dirigente perspicaz, acontecem catarses ânimicas com certa intensidade no início do aprendizado. Essas ocorrências levarão os traumas reprimidos a vir naturalmente à tona e integrar-se harmonicamente à consciência ativa na presente encarnação, sendo sábio meio de aprendizado e educação do Espírito.

Nos casos em que se observa distúrbio psicopatológico recrudescido e intermitente, o que houve foi que essas disposições internas refreadas foram soltas, mas tais estados de insanidade não se relacionam diretamente com o estudo e a prática da magia ou com o exercício da mediunidade. Há de se ter critérios disciplinadores do ingresso de sensitivos na Umbanda e na Apometria. O mediunismo, aliado à magia, requer consciências serenas e seguras que tenham autoconhecimento e domínio de si mesmas, o que é uma conquista da presente existência sustentada por saudáveis vivências pretéritas registradas no inconsciente.

Não há nenhum perigo no estudo e na prática da magia e não se corre o risco de desajustes psicoespirituais, a não ser aqueles latentes no íntimo de cada alma.

Ocorre que, durante muitos séculos, a mediunidade e a magia foram tidas como coisas do "demônio", de psicóticos e esquizofrênicos. O evangelismo patrulhador e a dualidade entre Deus e o diabo das religiões ditas cristãs acabaram se cristalizando com o tempo. Tornaram-se atavismos milenares e hoje desencadeiam automatismos comportamentais que, ao serem exteriorizados, apresentam-se descontrolados em alguns entes, como os suores frios, as mãos trêmulas, sintomas adrenérgicos de liberação hormonal das glândulas suprarrenais.[8] A simples menção à magia dispara um mecanismo inconsciente de medo e pânico, oriundo de séculos de perseguições, punições e penas eternas infernais de que foram objetos os seguidores dos magos, alquimistas, esotéricos e ocultistas da história encarnados atualmente. O medo de novas torturas físicas e psicológicas os leva a uma infantilização espiritual, amedrontados diante do desconhecido, como crianças que não sabem o caminho de volta para casa.

---

8 As suprarrenais, glândulas de ataque e defesa, produzem adrenalina nas situações de pânico e agressão.

A questão n. 551 de *O livro dos Espíritos* nos diz: "Pode um homem mau, com a ajuda de um mau Espírito que lhe é devotado, fazer mal ao seu próximo? Não. A Lei de Deus não o permite". Como explicar os diversos casos de trabalhos de magia negra, feitos para o mal, que "pegaram" nos alvos visados, advindo rápido e mórbido quadro físico, psicológico e espiritual, em casos de difícil solução, seguidamente encaminhados por centros espíritas ortodoxos para os grupos universalistas de Apometria e terreiros de Umbanda?

Sem dúvida, seria algo simplório, diante das leis divinas, justas e perfeitas, se o simples desejo de mal ao próximo, com o auxílio dos habitantes do Astral inferior, fosse capaz de efetivamente provocar o mal desejado. Observem que a maioria dos trabalhos de magia negra com o auxílio da escória mercantilista das baixas zonas umbralinas não oferece nenhum efeito prático diante dos alvos visados, pois acabam sendo unicamente um meio de escambo, de troca de interesses desditosos, com oferecimento das ambicionadas moedas dos homens.

Contudo, a resposta dos elevados Espíritos responsáveis pela codificação do espiritismo não foi objeto de maior aprofundamento naquele momento. Imperavam na Europa Ocidental os mais degradantes métodos rituais de magia, em que as populações, liberadas pelos ventos do Iluminismo que varriam o continente, provindos da França, se entregavam aos prazeres mundanos, aos vícios e à busca das gratificações pessoais sob quaisquer pretextos. Predominavam os alquimistas decaídos, os cabalistas concupiscentes, os curadores sexólatras e os mais sórdidos interesses de uma sociedade reprimida por séculos de Inquisição, que vinham à baila desoprimidos, em objetivos eivados de egoísmo, imoralidade e individualismo exacerbado.

Diante do cenário descrito, que, de uma maneira geral, imperava nas coletividades europeias, alusões mais detalhadas sobre os princípios das emanações mentais, as formas de pensamento, as egrégoras, os artificiais, os condensadores energéticos, o animismo, as projeções astrais, os chacras, o duplo etérico, os corpos espirituais, entre outras, alimentariam a continuidade da prática distorcida da arte da magia. Inserido no racionalismo vigente, próprio da cultura francesa, que era referência para a formação das opiniões da época, *O livro dos Espíritos* trouxe as informações morais necessárias àquele momento, assim como a lei mosaica no seu tempo; do contrário, poderia ter sido incompreendido e rejeitado.

Ampliando as elucidações, afirmamos que o mal só se instala em terreno propício. Logo, podem concluir que Chico Xavier, São Francisco de Assis, Buda, Gandhi, Zoroastro, Tereza D'Ávila, Zoroastro e Jesus, entre outros seres iluminados e de elevada estirpe moral, seriam inatingíveis diante de qualquer intenção maldosa alheia. Eles obtiveram esse direito, pelas leis divinas, ao interiorizarem o amor e os sentimentos crísticos.

Considerando que a grande massa da população terrícola é impregnada de imoralidade, de egoísmo e vaidade, torna-se até comum o mal desejado voltar-se contra a fonte geradora. Os maiores geradores do mal são as próprias convicções interiores de cada cidadão, que proporcionam o terreno adubado para as ervas daninhas alheias se fortalecerem, instalando-se a sintonia entre mentes maldosas com mesmos fins, o que amplia os transtornos.

Nesse sentido, reforçamos a afirmação de que as leis divinas não permitem que o mal se instale quando não é merecido, de conformidade com a justiça cósmica e com o direito de cada cidadão, conquista inalienável e intransferível do Espírito imortal. Nos casos em que os trabalhos de magia negra "pegam", isso não ocorre por causa do ato magístico em si, do apoio das almas do além-túmulo, ou da exímia concentração mental do maldoso mago. O mal se instala porque o alvo visado tem as portas abertas para a sintonia mental por similaridade fluídica, pois "semelhante atrai semelhante".

Imaginem um encarnado com desmandos no campo sexual, que em vida passada foi *cáften* explorador de moçoilas desavisadas, e concluirão quão vasto campo para os técnicos, psicólogos e planejadores do umbral inferior se dedicarem ao mal, em busca de vinganças, prazeres e vampirização energética na área genésica. Logo, não é incomum esse ente se ver repentinamente enfraquecido, sem energia e adoentado. É então encaminhado por um centro espírita a um grupo de Apometria ou terreiro de Umbanda, ocorrência muito rotineira em todos os recantos da pátria brasileira, divulgada entre comentários velados, a portas fechadas, em muitos agrupamentos, para não conspurcar a pureza doutrinária à qual se orientam.

Diante desta assertiva: "[...] concluirão quão vasto campo para os técnicos, psicólogos e planejadores do umbral inferior se dedicarem ao mal, em busca de vinganças, prazeres e vampirização energética na área genésica", pedimos maiores elucidações. Como isso se instala?

Os principais "adubos" para a magia negra e as obsessões estão no sexo, nos vícios e na vaidade. As perversões de um modo geral estão relacionadas com ressonâncias de vidas passadas, em que os atos selvagens, obscenos e violentos criaram vínculos entre as criaturas envolvidas, que vão requerer várias encarnações para se desfazer. A troca sexual sem amor inflige ao sistema nervoso um desperdício de energia que não é compensado pelo retorno, do parceiro, de uma "porção" proporcional à doada.

Ocorrendo um bloqueio à união das auras, e não havendo a integração entre os chacras e os corpos superiores, inexiste o fluxo energético positivo, gerado pelo sentimento amoroso, a esses veículos sutis. Fluem pelos corpos etéricos fluidos animados pelas sensações inferiores, animalizadas, estéreis, causando um êxtase anestésico sensório, mas rapidamente se instalará a vontade de novo conluio entre homem e mulher, sempre fugaz, diante do carrasco do apelo carnal nunca realizado. Ademais, as energias concentradas no duplo etérico, decorrentes do ato mecânico, do gozo animalesco desprovido de sentimentos elevados, não se dissolvem facilmente, obliterando esse mediador vibratório, que liga os corpos físico e astral, para o envio de expressões mais sensíveis do psiquismo à consciência em vigília, como a intuição e a lembrança das saídas do corpo físico.

Aliado a esse fato, o sexólatra é torturado continuamente pelo seu próprio potencial anímico desequilibrado, num quadro mórbido persistente de auto-obsessão, com pensamentos parasitas recorrentes. Os encontros sensuais são precedidos de grande ansiedade e acompanhados de fantasias, criando formas de pensamento densas e pegajosas que podem vir a ser aproveitadas pelas potências maléficas invisíveis do Espaço que as manipulam, dirigindo-as, fortificadas, para as finalidades mais vis. São os artificiais do sexo, que servem para os que entram em contato com eles terem sua sensualidade aumentada repentinamente. Tal situação se instala pelos laços de sintonia do passado que estão no inconsciente, abrindo a brecha necessária para se fixarem as obsessões e os trabalhos de magia negra no amplo campo das energias do sexo humano.

Recentemente, o nosso grupo de Apometria atendeu uma consulente que se encontrava com um dos rins magiado. Espantou-nos o específico e baixíssimo campo vibratório fixado na contrapartida etérica desse órgão, como um preciso procedimento cirúrgico. É possível um feitiço visando somente uma certa parte do corpo físico? Como isso é feito?

Assim como a medicina terrena tem recursos modernos que oferecem grande precisão nos diagnósticos e procedimentos cirúrgicos, também os cientistas e magos do umbral inferior dispõem de enormes conhecimentos, aparelhagens e recursos tecnológicos.

É muito fácil para um engenheiro das sombras "ler" em suas auras as repercussões emanadas do eu inferior (corpos astral, etérico e físico). Por meio de apurados exames áuricos, que se dão em faixas de frequência em que eles atuam com desenvoltura, apoiados em telas plasmáticas especialmente desenvolvidas para esses intentos, conseguem sem grande esforço identificar os órgãos fragilizados por desmandos de vidas passadas que apresentam ressonância traumática. São como morbos latentes incrustados na malha molecular etéreo-astral que ainda não se manifestaram no corpo físico.

Detectam também os circuitos neuronais que revelam certos tipos de patologia que se instalarão numa determinada idade futura do encarnado auscultado. Esses fulcros vibratórios desequilibrados, cármicos, localizados na contextura atômica do corpo astral, deverão escoar-se através dos corpos etéricos e físicos, em decorrência da força centrípeta que age dos veículos mais sutis em direção aos mais densos, determinando neles uma modificação funcional a que chamamos doenças. Esse simples fato, natural na fisiologia oculta do homem, abre um extenso leque de atuação para as sombras.

O que os técnicos magnetizadores dos magos negros realizam é antecipar essas ocorrências. Eles reforçam as nódoas vibratórias do passado remoto com rituais de magia negra, como os que são realizados com as sanguinolentas vísceras de animais, em portas de cemitérios, que visam atingir o alvo especificamente nos seus pontos de maior fragilidade, em total desrespeito aos merecimentos individuais.

6
Relato de caso 2

Consulente: MPPK, 19 anos, sexo feminino, solteira, espírita

História clínica

A consulente apresenta o rim direito inchado, com tamanho acima do normal, resultado de uma infecção ocorrida há três anos, quando ela tinha 15 anos de idade. O rim não voltou ao tamanho normal, e essa elasticidade incomum está afetando as suas funções. Os diagnósticos médicos classificam o caso como "raro", principalmente pela tenra idade da consulente. Como o canal do rim está obstruído, ela foi submetida a uma cirurgia para colocação de cateter duplo no ureter. Atualmente, apresenta um quadro infeccioso acompanhado de cistite de repetição e está com cirurgia marcada para retirar o rim.

Diagnóstico

A atendida encontra-se magiada. Teve um namorado cinco anos mais velho que ela um pouco antes de a primeira infecção renal se instalar, há cerca de quatro anos. Essa experiência lhe foi muito marcante, por ter tido a sua primeira relação sexual. A família do jovem, de classe alta, portanto sem problemas financeiros, não se conformou com a paixão extemporânea do rebento amado. A mãe, de temperamento altivo e controlador, procurou uma casa de "batuque", a mais "forte" e famosa da zona fronteiriça entre o Rio Grande do Sul e a Argentina, e pagou enorme soma, pedindo ao "pai de santo" que resolvesse o problema, pois como um filho do seu sangue iria se envolver com uma pobretona?!

Atendimento, técnicas e procedimentos

Após o desdobramento induzido da consulente, uma Preta Velha manifestou-se num dos médiuns e perguntou à filha o que havia ocorrido por volta dos seus 15 anos de idade que muito a marcou. A entidade disse que sabia dos fatos e que a atendida não precisava dar detalhes, pedindo apenas que confirmasse ao grupo e pensasse nesse episódio marcante. Ao mesmo tempo, outro médium captou uma cena, por meio da clarividência, em que via a mãe do ex-namorado da consulente entrando num centro de magia negra do interior do estado. Na consulta, ela tirou da bolsa grossa soma de dinheiro, colocou-a sob o tabuleiro de búzios e disse que fosse feito o necessário para alijar a mulher aproveitadora da inocência de seu filho.

Em seguida, os Exus que dão apoio ao grupo desmancharam o campo de força que estava vibrando no duplo etéreo de MPPK, na exata contrapartida do órgão afetado. Paralelamente, houve manifestação de um Espírito que estava preso à consulente em faixa do passado – um médico da Idade Média que comercializava órgãos para rituais de magia negra numa loja decaída de ocultismo alquimista –, momento em que os médiuns perceberam um cheiro de carne em putrefação e muitos vidros com órgãos humanos dentro de uma sala. Então, foi realizada a despolarização do estímulo de memória relativo à síndrome de ressonância com o passado, socorrido todo o bolsão de Espíritos sofredores e desintegrado o quadro ideoplástico que os prendia.

Raivoso mago negro desencarnado apresentou-se nesse momento dizendo que não tinham nada que desfazer o trabalho dele e que, se não dessem mais sangue para ele, destruiria todo o grupo. Após essa catarse violenta, a entidade adormeceu, levada pelo magnetismo animal do médium e pelo efeito sonoro dos pontos cantados de Ogum, Orixá de demanda. Houve grande movimentação no umbral inferior, e toda a organização desse mago foi retida, e seus laboratórios desintegrados.

Na sequência dos procedimentos adotados, iniciamos pontos cantados de Oxóssi, quando os Caboclos dessa egrégora realizaram um transplante astral, colocando uma espécie de clone do rim no duplo etérico da consulente. Uma entidade oriental pronunciou-se dizendo que a recuperação de MPPK dependeria muito de sua capacidade orgânica. Salientou ainda que o seu órgão físico estava muito afetado pelo demasiado tempo em que o baixo campo vibratório esteve fixado no seu duplo etérico, embora a consulente tenha ido a centros espíritas que tinham os recursos necessários no plano espiritual para tal tipo de trabalho, mas que são bloqueados mentalmente pelos preconceitos dos médiuns encarnados, muito zelosos com a doutrina para admitir que a magia negra pega.

Orientação

Foi indicado para MPPK reforço do atendimento durante três semanas, tratamento homeopático e de florais com médico terreno, a fim de auxiliar a drenagem etérica dos fluidos enfermiços do órgão magiado pelo baixo campo magnético vibratório, assim como persistência na fé e nos passes, além de participação em palestras no centro espírita que frequenta.

Conclusão e histórico espiritual

A consulente, tendo frequentado círculo ocultista de magia negra em vida passada, aprofundou-se em experiências alquímicas que utilizavam órgãos humanos nos compostos em busca de fenômenos mediúnicos, como o de materialização de pedras preciosas e joias para enriquecimento rápido, que eram desmaterializadas nas casas dos seus proprietários e materializadas na irmandade da qual era uma das líderes. Tendo forte ressonância com o passado, envolveu-se com amante de outrora que, por sua vez, foi objeto de seus "roubos" mágicos. Por um mecanismo de retorno, a mãe do ex-namorado de hoje, sendo a antiga esposa enganada pelos amantes pérfidos de ontem, encontrou oportunidade de se vingar da "lasciva oponente" de outrora.

O técnico do umbral inferior, contratado pelo trabalho feito por hábil e bem pago feiticeiro encarnado, facilmente detectou os enredos do pretérito que estão no inconsciente da atendida, atacando o alvo em seu ponto mais fraco, o órgão físico renal, já que MPPK muito manipulou tecidos humanos na encarnação de alquimista. Por um efeito de similaridade, o trabalho realizado no Astral em matadouro do interior gaúcho, abundante de vísceras ensanguentadas, pegou com facilidade.

Mais uma vez verificou-se que o mal se instala quando encontra terreno fértil e que os corpos físicos e etéricos são abençoados instrumentos para a exaustão de nossos desmandos de encarnações pretéritas.

Após sessenta dias do atendimento, fomos informados de que a consulente teve cancelada a extirpação do rim, mas persiste a delicadeza do caso, exigindo acompanhamento médico sistemático, podendo ocorrer, ou não, o agravamento da enfermidade, o que exigirá uma nova indicação cirúrgica.

7
Relato de caso 3

Consulente: BPJ, 40 anos,
sexo feminino, solteira, espírita

História clínica

A consulente buscou apoio espiritual para depressão, que a acompanha desde pequena. Está em tratamento psiquiátrico e toma medicação há vários anos. Disse-nos que gostaria muito de parar com os remédios, mas não consegue dormir bem. Contudo, sente uma espécie de sonolência letárgica que a deixa imobilizada na cama. Tem muitos pesadelos diferentes no estado entre a vigília e o sono (cochilos) com pessoas querendo matá-la; se "vê" no meio de mulheres sensuais e libidinosas maltratando-a e homens abusando de sua sexualidade.

Abordada sobre o que mais a incomoda, ela nos informou que foi estuprada na adolescência e que não conseguiu superar esse trauma. Por várias vezes foi assaltada na rua, o que a deixa em pânico nas situações rotineiras, quando precisa se deslocar sozinha pela cidade em horário comercial. Teve um relacionamento estável de dois anos (o máximo de tempo que conseguiu ficar com um namorado), chegando a noivar. Recentemente, tomou a iniciativa de desfazer o noivado, o que coincidiu com um inesperado quadro de bulimia, com sérios problemas de refluxo esofágico, gastrite e dores abdominais.

Relatou que não cresce profissionalmente e não consegue tornar-se independente, trabalhando no pequeno estabelecimento de manufaturados do pai, com quem tem dificuldade de relacionamento, até o ponto de odiá-lo. Concluiu dizendo: "Não consegui largar a indústria do pai em todos esses anos. Sinto-me presa; odeio todos os funcionários".

Atendimento, técnicas e procedimentos

Ao término do desdobramento da consulente pela indução magnética das contagens apométricas, de imediato um dos médiuns entrou em sintonia com faixa de passado e presenciou a seguinte cena: a consulente encontrava-se em um prostíbulo requintado da antiga Europa, onde era uma cafetina cruel, e estava sendo molestada sexualmente pelas suas "afilhadas", que eram escravizadas para o uso carnal dos clientes. Muitas eram bem jovens e tinham perdido a virgindade ali, forçadas pela inflexível cafetina, com ricos nobres da época. Os Espíritos sofredores presos a esse quadro foram atendidos, sendo desfeitas as formas de pensamento que estavam plasmadas no nível astral-etérico, criando o cenário do passado.

Na sequência do atendimento, foi cortada a sintonia com essa situação, por meio da despolarização de memória pela estimulação magnética transcraniana (comandos palmares sobre a cabeça). Feito isso, um dos Pretos Velhos que dá apoio ao grupo se manifestou, perguntando se a consulente sentia aperto no peito e vontade de se suicidar, o que foi prontamente confirmado. Ao mesmo tempo, informou que foi feito um trabalho de magia negra pelo ex-noivo: uma pomba cinza-amarronzada foi aberta e perfurada no coração, introduzindo-se aí uma mecha de cabelos de BPJ envolta em um pequeno retalho de uma peça de vestuário íntimo, usada num encontro amoroso com o contratante do trabalho, que deixou o animal sacrificado como oferta macabra num cruzamento de rua em frente a um cemitério, à meia-noite.

BPJ confirmou que o antigo namorado é médium trabalhador de uma casa de macumba e que ela realmente havia esquecido algumas roupas de uso pessoal na residência dele após desatarem o compromisso de casamento. Imediatamente manifestaram-se os guardiões do grupo, pedindo um campo de força de retenção de um artificial (falsa pomba-gira) fixado no quarto da consulente. Foi fechado, com o elemento fogo e os cânticos de demanda de Ogum, um portal vibratório no dormitório da atendida que abria "passagem" para o umbral inferior, facilitando a obsessão contratada pelo ato nefasto de magia negra.

Ao término do atendimento, com pontos cantados da linha do Oriente, obsessores de aluguel, de baixíssima vibração, escravizados, sedentos de fluidos animalizados do sangue e dos resultantes do ato sexual, foram removidos no plano astral e encaminhados para o Hospital do Grande Coração. Finalizando, foi realizada nova despolarização de memória em BPJ. O campo de força destrutivo "construído" no Astral pelo médium magista contratado no ato da oferta da ave imolada foi desintegrado, deixando de vibrar.

Orientação

A indicação para BPJ foi que ela se eduque espiritualmente no centro espírita que frequenta, pois tem mediunidade reprimida e precisa aprender a se equilibrar. Tem objeção quanto à Umbanda, rejeitando esse caminho do mediunismo. Todavia, reconhece que está sendo muito ajudada, o que deve fazer com que reveja seus pontos de vista e preconceitos para com as formas em que os Espíritos se mostram. Foi recomendado que ela continue com a psicoterapia e aprenda a lidar com as suas emoções e sentimentos. Foi orientada a não sentir raiva ou vontade de vingança em relação ao ex-noivo, e sim que vibre por ele, envolvendo-o em amor e perdão.

Conclusão e histórico espiritual

Os transtornos da atendida são um tanto complexo. Por intensos laços do passado, quando BPJ foi uma inflexível proprietária de prostíbulo e obrigou várias jovens pobres a se prostituírem, inclusive incentivando atos sexuais forçados de moçoilas virgens com clientes endinheirados, encontra-se atualmente diante dos antigos cúmplices e desafetos: o pai, seu sócio e guarda-costas do prostíbulo; as funcionárias de sua pequena fábrica, ex-prostitutas exploradas por ambos, pai e filha; o ex-noivo, um dos principais clientes de outrora.

Com isso, implantou-se uma auto-obsessão com síndrome de ressonância com o passado, aliada à mediunidade reprimida. O trabalho de magia negra encomendado potencializou todas essas fragilidades. Tentavam dementá-la explorando suas fraquezas do passado, polarizadas na rede nervosa. Intensificadas as correntes mentais parasitas autoinduzidas, adveio a depressão mórbida e a vontade incontrolável de suicidar-se. As imagens de vidas passadas, em que se "vê" agredida e torturada, misturaram-se à sintonia com vários Espíritos sofredores perdidos no tempo, estabelecendo o cenário ideal para entidades alugadas, malévolas, realizarem seu vampirismo, almejando os gozos desenfreados na área da sexualidade.

Revisão

Em revisão realizada após o primeiro atendimento apométrico, BPJ sentia-se mais calma, assistindo e se beneficiando regularmente de palestras e passes no centro espírita de sua eleição. Foi aceita num grupo inicial de educação mediúnica. Afirmou que o seu médico reduziu as dosagens dos remédios que toma e, em breve, espera ser dispensada do tratamento medicamentoso. Aguarda a chamada para um estágio numa empresa multinacional e está dormindo com normalidade, encontrando-se quase sem nenhuma depressão.

Parte 2
A consciência dos planos vibratórios e terapêutica apométrica

8
Viciação mental-emocional

Ramatís responde

Supomos que durante o conluio amoroso entre o casal exista uma união das auras que integra os chacras e os corpos superiores, existindo um fluxo energético positivo a esses veículos sutis, gerado pelo sentimento amoroso. Pedimos maiores detalhes sobre o tema.

Os humanos têm uma composição setenária: três corpos que formam o eu superior ou individualidade cósmica (átmico, búdico e mental abstrato); quatro corpos que integram o chamado eu inferior, ligado à personalidade transitória (mental concreto, astral, etérico e físico). É oportuno comentar que na tríade que forma o eu superior, não há registros negativos de nenhuma espécie.

A mônada ou chispa divina que reluz no corpo átmico dá "vida" ao corpo búdico e mental abstrato; sustenta o processo de individuação espiritual e o contato com a Unidade cósmica, embora não dispense a conexão com o Universo manifestado, onde o Espírito estagia no ciclo carnal, por intermédio dos corpos inferiores.

Esses quatro corpos do eu inferior mantêm relações vibratórias entre si, sendo o mais sutil o estimulador do mais denso. Assim, as vibrações do corpo astral, a sede das sensações, dos instintos e das paixões, repercutem no corpo etérico e no físico mais do que estes o influenciam, pelo simples fato de sua contextura vibratória ser moldada pelos registros negativos do corpo mental inferior, relacionados com encarnações pretéritas. São espécies de fulcros dissonantes que poderão imprimir as síndromes de ressonância de vidas passadas na rede sináptica cerebral do reencarnante.

Não poderia ser diferente: a forte influência dos corpos mental inferior e astral, assim como seus registros negativos retidos no ciclo carnal, deve-se à anterioridade desses corpos em relação ao duplo etérico e ao corpo físico, bem como por terem uma "vida" muito mais longa, como veste do Espírito, na sua caminhada imortal. Por outro lado, em quase nada o quaternário inferior é influenciado pelas emanações positivas do corpo causal (mental superior), que é formado de matéria dos três subplanos superiores do plano mental, nível que é todo perfeição. Isso ocorre porque a maioria dos cidadãos terrícolas tem esse envoltório espiritual ainda muito pouco desenvolvido, em decorrência da imoralidade que grassa no orbe.

Cada corpo que compõe o eu inferior é influenciado e "controlado" pelo imediatamente anterior e mais sutil, ao mesmo tempo em que o corpo ulterior, mais denso, por sua força centrípeta pode registrar estímulos positivos ou negativos nos mais sutis desse quaternário: ou densificando-os, imprimindo-lhes marcas como se fossem ferimentos de açoites que não cicatrizam (um tipo de nódoa purulenta que resulta da agregação de energias de baixo teor), ou sutilizando-os pelos sentimentos elevados, de amor, solidariedade, altruísmo, mansuetude, humildade, entre tantos outros.

É apropriado concluir que as experiências vivenciadas pelo complexo astral, etérico e físico farão o Espírito se fixar na busca do que é agradável, habituando-se ilusoriamente aos gozos sensórios recebidos por intermédio desses corpos, que, por sua vez, influenciarão ativamente para a formação da memória perene, que deveria ser fator de expansão da consciência. Para que esse processo (com as ideações do corpo mental inferior exteriorizadas no mundo da forma pelas ações) seja positivo, os indivíduos devem persistir na libertação das sensações grosseiras, animalizadas.

Quando persiste a estimulação sexual exagerada, promíscua, desprovida de sentimento amoroso, o corpo mental inferior fixa-se exageradamente nas sensações grosseiras oferecidas pela estimulação dos corpos físico e etérico. Assim, estabelece-se um fluxo negativo em que a mente concreta (corpo mental inferior) se "vicia" nos estímulos do veículo imediatamente mais denso, provindo dos gozos sensórios e das energias animalizadas liberadas pelo duplo etérico e corpo físico. Desse modo, a mente se torna cada vez mais exigente e impaciente pelos ansiados encontros libidinosos, situação que acaba invertendo o fluxo saudável de energias entre os corpos, pois o mais grosseiro passa a interferir vibratoriamente e em demasia no mais sutil, o que não impulsiona evolutivamente o Espírito, pelos exagerados estímulos dos corpos inferiores.

O contrário se dá quando as relações entre os pares são baseadas no amor. Instala-se um fluxo energético altamente criador e positivo. O êxtase do encontro amoroso sincero desencadeia uma aceleração de todos os chacras e uma expansão das auras, formando um enorme ovoide áurico, acompanhado de um vórtice vibratório que permite que as energias dos corpos superiores "desçam", influenciando o fluxo energético do quaternário inferior e alargando a sensação de êxtase beatífico. É como se polaridades contrárias se encontrassem, integrando-se novamente em uníssono à Unidade cósmica, fator indispensável à evolução espiritual em todas as dimensões vibratórias.

Quanto à "fisiologia" das emanações positivas provindas do corpo causal, que, por sua vez, influencia os corpos mental inferior, astral, etérico e físico, pedimos maiores esclarecimentos. Confessamos tratar-se de assunto de difícil compreensão e um tanto abstrato, longe de nossa rotina na mediunidade. Podemos deduzir que esse corpo sutil é só perfeição, por isso é muito pouco desenvolvido na maioria da população encarnada?

Sim. O que equivocadamente se divulga como realidade a respeito desse veículo da consciência encontra receptividade pelo grande desconhecimento de muitos irmãos ansiosos de fórmulas fáceis e indiferentes ao estudo das filosofias milenares do Oriente, que não são facilmente absorvidas pelos cidadãos comuns. O excesso de tecnicismo só serve para subsidiar os equivocados das coisas espirituais e "bloquear" essa abençoada técnica, a verdadeira Apometria, instrumento de resgate e cura nas zonas umbralinas do orbe, nos meios espiritualistas sérios.

Afirmamos que no corpo causal não existem nódoas, excrescências, vórtices desequilibrados, pulsões, personalidades virtuais rebeladas, ressonâncias traumáticas de vidas passadas ou qualquer inferioridade.

Diante da dificuldade de compreensão da influência do corpo causal sobre os demais, imaginem o corpo mental inferior como uma imensa lagoa. Como está cheio de imperfeições, traumas e impulsos atávicos imorais de vidas passadas, essa forma aquosa, que deveria ser límpida e translúcida, acaba se apresentando pardacenta e lodosa. O corpo causal é a Lua cheia que tenta fazer seus raios de luz trespassarem a superfície enodoada, cheia de musgos e limos putrefatos. O corpo astral é como se vocês estivessem em pé dentro desse lago, tentando enxergar o caminho que os levará à margem, por meio do reflexo lunar na água imunda. O corpo etérico é como o vestuário encharcado pela lama pútrida do fundo viscoso. O corpo físico, assim, acaba ficando enregelado e cansado. São as exigências incansáveis dos corpos inferiores em que estagia a humanidade.

E onde estariam o corpo búdico e átmico nessa exemplificação?

A Lua, simbolizando o corpo causal, nada mais é que instrumento refletor da luz do Sol. Esse astro de intensa luminosidade é como se fosse o corpo búdico, e o seu núcleo, ainda inalcançável para os viventes da Terra, seguindo a analogia do exemplo, representa o corpo átmico.

Como a mente concreta (corpo mental inferior) se "vicia" nos estímulos do corpo imediatamente mais denso (corpo astral), caracterizando as viciações mentais-emocionais?

Os atributos principais que caracterizam o corpo astral são os sentimentos. Como a maioria dos cidadãos não os educam nos preceitos elevados de moral e amor ao próximo, esse corpo sutil acaba sendo veículo para a consciência satisfazer os seus instintos animalescos, retendo as criaturas no ciclo carnal. Em vez do desejo, que impulsiona o ato volitivo do corpo mental inferior, ser estimulado pelos sentimentos amorosos, o é pelos atavismos e apegos sensórios de vidas passadas, que, por sua vez, se registram no conjunto neuronal como ressonâncias traumáticas de existências pretéritas.

Assim, os impulsos projetados do corpo mental inferior, que são atemporais, criam intensa viciação mental-emocional que repercute grosseiramente no corpo astral, que se escravizará às sensações e aos sentimentos de prazer e satisfação animalesca, desencadeando as obsessões e os variados desequilíbrios psíquicos registrados nos atendimentos apométricos. É fundamental ficar claro que os corpos da tríade divina são a chispa crística em todos vocês. É impossível causarem transtornos de qualquer natureza ao Espírito retido nas formas densas, através dos corpos do quaternário inferior.

O corpo mental inferior, quando burilado pela reforma íntima e o evangelho interiorizado ao longo das encarnações, resultando em ações práticas redentoras da alma, torna-se o somatório da cultura estritamente intelectual, da percepção mental concreta, comparando as formas, estabelecendo razão e julgamento dos atos praticados.

Os valores morais acabam sendo uma fortaleza inexpugnável ante os desejos e atos volitivos de paixão, vaidade, inveja, egoísmo e arrogância, entre vários, que chumbam o Espírito à crosta na teia das encarnações sucessivas e escravizam os corpos astral, etérico e físico.

Pela importância do tema, muito esclarecedor, pedimos maiores elucidações quanto a esta assertiva: "[...] os impulsos projetados do corpo mental inferior, que são atemporais, criam intensa viciação mental-emocional que repercute grosseiramente no corpo astral, que se escravizará às sensações e aos sentimentos de prazer e satisfação animalesca, desencadeando as obsessões e os variados desequilíbrios psíquicos [...]".

O corpo mental inferior, tendo sido por várias encarnações "bombardeado" pelas paixões e pelos desejos animalescos, acaba ficando dependente da natureza animal, densa, pois a memória é como um holograma: é única, atemporal e está localizada em toda a contextura mental. As paixões, os gozos, os êxtases nos banquetes pantagruélicos, os vícios de conduta e de caráter, enfim, todas as inferioridades de que o ente se locupletou na vida material estão registradas no arquivo único da memória perene.

Sendo atemporal, preexistente à atual personalidade encarnada, o corpo mental inferior tem atuação fora dos estreitos limites da consciência de vigília, estabelecendo seu território de ataque no inconsciente: antecipa, pelo acesso direto às lembranças de vidas passadas, as sensações, os prazeres e os gozos, e projeta no sujeito a força avassaladora da imaginação, das fantasias e dos estados oníricos, fixando as ressonâncias de vidas passadas na rede sináptica, influenciando o psiquismo consciente e potencializando os atavismos e a repetição de comportamentos execráveis.

A partir de então, desencadeiam-se os pensamentos parasitas, as viciações mentais, as auto-obsessões e toda sorte de transtornos da alma, ficando aberta a sintonia para os desafetos do passado, os assédios entre vivos, a criação de formas de pensamento e artificiais e os desajustes reencarnatórios.

A antecipação de sensações, prazeres e gozos de vidas passadas, projetados no sujeito por intermédio da imaginação, em fantasias e nos estados "oníricos", provoca desdobramentos noturnos do corpo astral, que se desloca para servir de instrumento de satisfação sensória?

Tão ligados vibratoriamente são os corpos mental inferior e astral, nos Espíritos encarnados e numa enorme massa de desencarnados, que acabam iguais à lâmina que não fica fora do seu estojo. O desejo e a mente (o conjunto *kama-manas* dos orientais) são companheiros inseparáveis até a libertação total do ciclo carnal. Obviamente, o corpo mental inferior não conseguirá se satisfazer sem os demais corpos densos. Como o corpo astral é mais facilmente manipulado, acaba por sofrer os descaminhos mentais rapidamente, projetando-se facilmente para os antros de sexo, bebida e glutonaria do umbral inferior.

O desejo animalesco, como um tornado que a tudo destrói, impõe a busca desenfreada do prazer. O corpo mental inferior está constantemente estimulando o corpo astral para que sirva aos vícios que automatizou pela memória.

Nos homens que ainda estão lutando para interiorizar a reforma moral, quando o corpo físico não cede aos desejos sensórios, acaba levando o corpo astral a rebelar-se a sair, no plano vibratório correspondente (no caso, os subplanos mais baixos do mundo astral), numa busca cega de satisfação das exigências prazerosas antecipadas pelo corpo mental inferior, o que causa grande ansiedade, pois o ente antevê os gozos que o esperam. No cidadão pouco desenvolvido moralmente, se rotiniza a corrida desenfreada atrás da realização dos sentidos, tornando-o um ser que pensa e fala, mas não difere dos animais.

É possível dar-nos exemplos desses estados "oníricos" decorrentes da viciação mental-emocional entre os corpos mental inferior e astral? Isso ocorre sempre pela antecipação de sensações e gozos de vidas passadas?

Na verdade, não se trata de estados oníricos (de sonho). A plasticidade natural do plano astral é altamente influenciável pela mente inferior. As viciações mentais-emocionais acabam aprisionando os seus criadores. É como o cenógrafo que fica retido no cenário que criou, não sabendo onde está a porta de saída do *set* de filmagem. Nesses casos, são plasmadas conchas astral-mentais que mantêm o ente retido no plano astral, absorto em sua própria imaginação fantasiada, como se fosse a realidade, Muitos de vocês, quando desencarnam, passam anos dentro dessas conchas, não enxergando nada mais fora do alcance dos seus limites. Assim, se confundem cenas do passado, formas de pensamento e frustrações psicológicas com o que existe efetivamente. Essas falsas impressões estendem seu alcance além da antecipação de sensações e gozos pelo corpo mental inferior, pois também contêm os traumas e as insatisfações decorrentes da ampla complexidade do psiquismo humano.

É útil descrevermos, objetivamente, alguns exemplos dos habitantes mais comuns, prisioneiros das conchas astral-mentais: o pároco dedicado que se vê estático diante de Jesus, uma freira contemplativa hipnotizada ante a imagem da Virgem Maria, o pai atencioso fixado nos filhos que tem nos braços, o milionário agarrado aos seus tesouros, a mulher bela de outrora extasiada ante o espelho que reflete o novo "corpo" jovem, o aventureiro dirigindo o último modelo de carro esportivo.

E assim sucessivamente vão as criaturas criando os seus "céus" pessoais plasmados pelas viciações mentais-emocionais que os mantêm retidos nas conchas astral-mentais criadas pela plasticidade do plano astral.

Observações do médium

Vamos descrever uma experiência em desdobramento astral ocorrida na noite passada. Mas, antes de entrar em minúcias, queremos registrar que, quando estamos em desdobramento, durante o sono físico, não nos vemos mais fora do corpo físico, ao lado da cama, não sentimos entorpecimento das pernas e mãos, nem os característicos sons intracranianos que parecem um chuvisco de televisão fora do ar. Essas impressões, peculiares aos estados iniciais de saída do corpo astral do corpo físico, aconteciam com frequência quando nossa mediunidade estava deseducada. Isso porque, embora as experiências extracorpóreas sejam uma aptidão anímica, a educação mediúnica favorece as saídas conscientes do corpo físico pela possibilidade de comunicação com os amigos espirituais, que muito nos ajudam. Atualmente, nos vemos diretamente projetado no plano astral, e a clarividência e a clariaudiência estão mais sutilizadas. Somos impressionados com imagens e sons; escutamos palavras sem a necessidade de o interlocutor estar falando e temos certeza de que isso só ocorre pela assistência dos amigos do plano espiritual.

Importa deixar claro que o desdobramento na dinâmica apométrica não se compara às vivências fora do corpo, durante o sono físico. As percepções que se dão no primeiro caso são como se o sensitivo ficasse com a consciência alterada, tendo visões e sofrendo catarses por estar com os corpos astral e mental inferior atuando nos subplanos inferiores do plano astral. Como a consciência não se desvincula totalmente do corpo físico, o corpo astral se torna um veículo incompleto da consciência, ao contrário dos estados oníricos, em que o veículo inteiro se desliga totalmente do corpo físico. É natural, no primeiro caso, que o metabolismo do cérebro do sensitivo em estado de vigília interfira nas percepções, embotando-as, deixando-as difusas, diferentemente do que se dá no sono físico com médiuns adestrados.

Após essas considerações, iniciaremos nosso breve relato. À noite, "acordamos" num plenário enorme, em formato de concha circular. Estávamos no meio de um público que ia assistir a uma apresentação sobre reencarnação e relação de causa e efeito que define a vida do ser na carne. Um Espírito oriental, de olhos puxados, iguais aos dos chineses, e com longa túnica muito colorida, parecendo um mandarim, subiu num tablado central e começou a falar. Imediatamente plasmou-se gigantesca tela, e toda a plateia ficou "hipnotizada", como se antes de haver aquelas imagens existisse um pensamento único que se apoderava de todas as mentes do local. Conforme ia se dando a preleção desse instrutor, surgiam aglutinações energéticas no éter, que se projetavam para a tela, formando novas imagens tridimensionais.

Interessante que, independentemente do local em que os ouvintes se encontravam, todos enxergavam o cenário visual como se estivessem numa mesma posição: imaginem um cinema em que todos os assentos estão projetados para a visão do centro da tela, não importando o lugar em que se sente, na frente, no meio ou atrás.

Observamos que o ilustre palestrante não movimentava os lábios, mas todos nós escutávamos sua voz de barítono. Outro detalhe fixou-nos a atenção: o "filme" narrado a que estávamos assistindo também era altamente sonoro – a energia no plano astral é visual e sonora, dependendo da escala de frequência.

O Espírito que estava conduzindo a palestra era de grande poder mental; ele formava imagens perfeitas e impunha o seu pensamento sobre todo o público. Repentinamente, ele dirigiu-se a nós, explicando-nos:

"Isso é necessário e não violenta a consciência de ninguém. Como se trata de grupo de encarnados desdobrados, tendo recentemente os primeiros contatos com a reencarnação, impõe-se intensa injunção magnética pela força mental, sob pena de completo fracasso no encontro da noite. Como os encarnados têm pensamentos oscilantes e extrema dificuldade de concentração, mesmo com todos os recursos utilizados, muitos não se lembrarão de nada ao acordar".

Para comprovar sua teoria, um dos assistentes desse Espírito expositor levou-nos para passear nas fileiras dos ouvintes e fez com que escutássemos os pensamentos deles, como se estivessem nos falando aos ouvidos. A maioria estava preocupada com questões materiais: o horário apertado de trabalho do dia seguinte, as contas atrasadas, a namorada briguenta que não telefonava; outros estavam com fome ou com sede e divagavam mentalmente, ausentes de onde se encontravam e dos conteúdos explanados. Os que entendiam o que estava acontecendo já estudavam as coisas espiritualistas há mais tempo. Mesmo entre estes últimos, muitos desacreditavam dos conhecimentos que estavam sendo repassados, porque eram Espíritos um tanto infantilizados por muitas encarnações no meio católico – inconscientemente aguardam um céu que não existe e têm muito medo das penas eternas e do inferno.

Ao término dessa vivência, o instrutor espiritual mandarim aproximou-se e disse que se chamava Hupeh. Este nome e os trajes que vestia são uma homenagem a uma determinada região da China, onde foi muito feliz em várias encarnações. Disse que nos auxiliava sempre na ocasião das palestras e que faz parte da equipe espiritual de Ramatís. Concluindo, deixou a seguinte mensagem:

"A viciação mental-emocional também se cristaliza no Espírito pela influência das religiões, no passar dos milênios. Tanto isso é verdadeiro que existem cidadelas astrais que tangenciam a crosta terrícola, onde os seus habitantes acreditam estar no céu dos católicos. Lá, formas de pensamentos coletivas de Jesus, dos apóstolos e dos 'santos' ficam repetindo indefinidamente ensinamentos da Bíblia. Essa hipnose coletiva só será quebrada com muitas encarnações, em que a sábia Lei do Carma proporá, decorrendo unicamente do exercício do livre-arbítrio de cada criatura, situações contrárias aos seus preconceitos, para a devida retificação na carne. Dessa forma, o auxílio do 'lado de cá' nunca cessando, reunimos grupos de Espíritos encarnados fora do corpo físico, durante o sono, para participar de preleções como a de hoje. Na maioria, são ferrenhos opositores de vidas passadas das religiões e filosofias orientais, agora reencarnados entre famílias espíritas e umbandistas no Brasil, para dar os primeiros passos na senda das verdades cósmicas, sem as perseguições de outrora".

Ramatís responde

Entendemos que existe uma relação que sustenta essas conchas astral-mentais. Parece-nos de limites muito tênues, quase inseparáveis, as atuações do corpo mental inferior e a do corpo astral. Quando nos libertarmos das viciações mentais-emocionais, conseguiremos atuar no plano mental e no astral sem ser iludidos?

O inconsciente tem mecanismos de compensação das frustrações. Muitas das visões que os videntes relatam, relacionadas com os colegas de agrupamento mediúnico, principalmente dizendo que são de vidas passadas, compensando suas carências psicológicas, nada mais são que visões das conchas astral-mentais que o próprio ente cria. Observem a trivialidade com que certos sensitivos se descobrem emaranhados uns com os outros. No mais das vezes, refletem as viciações mentais-emocionais que os confundem entre esses dois planos vibratórios, o mental e o astral.

Tenham a consciência de que a matéria mental que circunda o plano astral, de frequência mais rápida, interpenetrando-o, vibra rapidamente respondendo aos estímulos das ondas mentais do Espírito em seu ato pensante. Quando se associam os desejos e as emoções, desprovidos de sentimentos elevados, de alta vibração, a matéria astral responde condensando-se em volta do ovoide, que é o corpo mental inferior.

Como o plano mental é o domicílio próprio, em sua plenitude dimensional, de consciências funcionando em pensamentos livres do cérebro físico, podem entender que a própria condição do Espírito retido no ciclo carnal é um impedimento natural, uma espécie de barreira vibratória, para acesso amplo e irrestrito às dimensões superiores do plano astral, a partir dos subplanos inferiores do plano mental.

O homem real, o pensador, é próprio dos níveis superiores ou causais do plano mental. Como o cérebro físico e o sistema nervoso são limitados, só conseguem reproduzir fracionadas as impressões mentais dos planos astral e mental.

A matéria do plano mental é capaz de se combinar e, sob o impulso da mente pensante, acomoda-se facilmente nas formas astrais. Assim como o petróleo (matéria-prima) se transforma em pneus, combustíveis, plásticos e outros derivados, a matéria mental própria do plano mental responde prontamente aos impulsos dos pensamentos, modelando as formas de pensamento astral-mentais.

O céu e o inferno de cada ser encontram-se dentro de cada um. O autoconhecimento libertador e os sentimentos altruísticos e elevados que direcionam o foco do Espírito para além do ego encarnado e da personalidade ilusória, extrapolando as estreitas paredes dele próprio para as dimensões dos planos mental superior e búdico, levam milênios. Quanto mais o ser estiver imbuído de ideais de auxílio ao próximo e amor incondicional, tanto mais se abrirão as portas das verdades espirituais do Além.

Até esse dia chegar, cada criatura vai gradativamente construindo o despertar de sua consciência, que vagarosamente se amplia pelo atrito dos corpos inferiores enredados no ciclo carnal, como cárcere situado nos planos mental, astral e físico. Para sua libertação, se exigem ações concretas, redentoras das almas, em prol dos semelhantes.

Os pensamentos se identificam com a personalidade animada na experiência reencarnatória mais recente, que findou. Essa constatação, somada às sutilezas dos planos vibratórios, nos deixa um pouco confusos. Não é mais fácil tratar tudo como sendo plano espiritual e perispírito?

A codificação espírita, para ser aceita e compreendida à época em que foi transmitida do Espaço, levou os Espíritos responsáveis por ditar esses ensinamentos a adotar uma nomenclatura de fácil entendimento para a maioria da coletividade de então e que acomodasse os conhecimentos milenares do Oriente, a fim de que fossem amplamente aceitos pelo racionalismo do homem ocidental. Claro está que não existem imposições, e cada consciência deve nortear-se de acordo com sua capacidade de compreensão. De nada adianta o médico dizer ao cidadão comum que ele está com uma doença infecciosa viral altamente transmissível que causará irritabilidade nasofaríngea, acompanhada de cefaleia e desânimo geral, para descrever uma simples gripe. Assim como o músico trompetista, ao se dirigir à plateia, não dirá que vai fazer uma apresentação com o dispositivo de metal que assegura afinação e permite o alongamento do tubo instrumental, produzindo todas as notas sonoras, para definir o trompete. Cada coisa no seu lugar e no seu tempo. Portanto, é chegado o momento de aprofundamentos que contemplem os que sintonizam com os nossos singelos escritos, pois o estudante comprometido com o auxílio ao semelhante deve preparar-se o melhor possível para a batalha da caridade.

As distinções entre os planos vibratórios e os corpos espirituais estão mais que de acordo com esse momento da consciência coletiva do Ocidente, em que a utilização da Apometria, como técnica de apoio ao mediunismo que socorre e conforta, se alarga.

A identificação do homem, após a morte física, com a personalidade recentemente encarnada é o que os orientais denominam de nível *rupa* (com forma) do mental. Quando o ser consegue entender, ao menos parcialmente, sua condição de Espírito e individualidade imortal, entra no nível *arupa* (sem forma) de compreensão, fazendo com que o ego se fixe na programação reencarnatória, percebendo a necessidade evolutiva sem iludir-se com a transitoriedade da forma ocupada em uma estada terrena.

É de suma importância a libertação dos apelos sensórios para a plena exaltação do eu superior. Estamos tão distantes desse ideal que ficamos desanimados. Agrava-se nosso estado de ânimo e causa-nos dúvidas a afirmação de certos espiritualistas de que os Espíritos já libertos do ciclo carnal não apresentam mais desejos. É isso mesmo?

Enquanto não compreenderem a natureza dos desejos, vocês serão constantemente arrastados por um terremoto de atrações, limitando a vontade (e os desejos) às percepções prazerosas que só serão saciadas pelas sensações e emoções dos veículos inferiores da consciência (os corpos astral e físico).

O primeiro passo para o início da libertação é entenderem sua natureza interior que precede e impulsiona os atos volitivos mentais. A partir de então, gradativamente deve-se ir "cortando", por uma mudança gradual das atitudes, as conexões com os objetos e as situações de prazer. Contudo, isso não deve os levar a desprezar os prazeres da vida em falsas posturas "santas".

As dificuldades se instalam quando vocês se deixam ser escravos das sensações dos cinco sentidos físicos. Observem que os homens temerosos de serem apanhados nas redes dos prazeres mundanos, notadamente certos dirigentes e médiuns espiritualistas, são os que enxergam os defeitos dos outros com facilidade: repelem as prostitutas dos templos, açoitam os fumantes, desprezam arrogantemente os carnívoros, são mordazes com os vegetarianos, enxotam ironizando os alcoólatras, vilipendiam os homossexuais, escarnecem dos Espíritos negros e índios, colocando-se distantes e isolados desses seres "impuros" em suas concepções. No fundo, são austeros porque temem entregar-se a condutas "pecaminosas" pelo possível descontrole que os levaria ao desregramento.

Estas são consciências infelizes, inseguras, pois não interiorizaram as reformas íntimas necessárias, sem os sofrimentos autoimpostos por aparências irreais em desacordo com a realidade do Espírito imortal. São invariavelmente preocupadas com as aparências e as opiniões que poderão suscitar nos seus prosélitos. Esses entes se tornam chefes de família que tiranizam os filhos e desconfiam da sombra das esposas, porque temem ser alvos do que eles mesmos são capazes de realizar.

Nessa moral distorcida, transferem para os Espíritos do "lado de cá" todos os seus recalques dentro do mediunismo, só permitindo manifestações de mentores e guias brancos, repletos de luz, e Deus os livre dos desatinos nos umbrais inferiores! Gelam de temor só de mencionar essas zonas vibratórias. Assim nascem os espiritualistas sectários, dogmáticos, que pedem aos mentores que os livrem dos Espíritos imorais. Lembram o ébrio que não venceu a bebida só pelo fato de encontrar-se distante dos bebedores.

Não superem suas disposições mais profundas apontando defeitos alheios. As coisas que apelam aos exageros carnais e sensórios, que regurgitam do inconsciente milenar, estarão completamente superadas quando conviverem em harmonia com os contrários que repelem peremptoriamente, andando entre os fracos do mundo sem julgamentos belicosos que os enviem para a guilhotina e a prisão perpétua dos preconceitos temporais, religiosos e doutrinários existentes na Terra.

O afastamento inicial do viciado mental-emocional do objeto de sua atração prazerosa se impõe para o fortalecimento da alma enfermiça.

No entanto, a vitória definitiva ocorrerá quando esse ente passar pela virulência das enfermidades morais sem contaminações, assim como fazia o divino Mestre Jesus no meio do povo adoentado.

Essas exigências da balança cármica, justas para promover o equilíbrio, conforme as leis de causalidade que regem a harmonia do Cosmo, são atemporais. O alcoolista de outrora reencarna com pais bebedores; o espírita renasce em família umbandista; o carnívoro radical vem em núcleo sanguíneo de proprietários de restaurante vegetariano; o radical propagador do vegetarianismo que se considera eleito desperta em meio à parentela carnívora de fazendeiros dos pampas; o cáften tem como mãe antiga prostituta explorada; o doutrinador que costumeiramente rebatia para longe Espíritos de Pretos Velhos e Caboclos nas mesas mediúnicas se vê filho de pais negros praticantes do Candomblé. A junção dos iguais psíquicos que se repelem cria as necessárias situações adversas na carne, ensejando a paciência e a união das almas entre si. A sabedoria divina não determina um único caminho ou verdade, mas a cada um dá a exposição às "doenças" da alma até a sua cura perene, pela imposição do ciclo reencarnatório.

Os benfeitores do Espaço não têm mais desejo como o compreendem, e sim vontade, que não necessita de sensações e gozos dos veículos inferiores para sua satisfação. É a vontade que acompanha os Espíritos superiores: vontade de auxiliar o próximo, demonstrar e difundir o amor, instruir, socorrer, espraiar fraternidade, exemplificar humildade, paciência, tolerância, altruísmo, solidariedade etc. Ao contrário do que muitos pensam, as esferas crísticas não são habitadas por seres em eterno êxtase contemplativo que os anestesia enquanto individualidades. A unidade com o Criador sublima os desejos das almas, não os aniquila, tornando os anseios individuais aspectos da Divindade, transformando os seres em cocriadores universais.

Se os nossos desejos e sentimentos estão juntos, quase inseparáveis, como se fossem um só, como poderemos percebê-los, um em relação ao outro, na limitada condição de encarnados? Isso não é contraditório?

Uma das maiores provações e conquistas do aprendizado é conseguir a aptidão mental e psíquica de controle das faculdades do corpo astral enquanto encarnados. Esse enfrentamento, que contraria a habitual ansiedade e instabilidade psíquica de vocês, assemelha-se a construir uma ponte num rio revolto em dia de tempestade. É o que os credenciará para dominar o plano astral sem adquirir pesados compromissos na sequência evolutiva, ao atingir outros estágios vibratórios. Muitos são os que se consideram preparados, mas fracassam após uma encarnação. Os grandes desafios do mundo material são uma das maiores iniciações do Espírito imortal, que se concretiza com a armadura física pesando na batalha de libertação do eu inferior.

Enquanto perceberem os seus desejos e suas sensações não dissociados um do outro, serão inaptos ao domínio do corpo astral como veículo da consciência e sofrerão no plano astral, de enorme plasticidade. Isso se não ficarem prisioneiros de suas próprias criações em conchas astralmentais.

Tentem dissociar os desejos das sensações. A partir daí, aspirem a visualizá-los com olhos de observador anônimo, qual lince camuflado entre os arbustos da planície observando sua presa. A capacidade de se dissociar requer autoconhecimento, análise, reflexão e recolhimento. É fundamental o distanciamento das agitações diárias, a meditação e a harmonização do psiquismo.

O discernimento e o controle emocional os farão aflorar os desejos e as emoções positivas, que, encontrando receptividade no tônus vibratório do corpo astral, aos poucos vão sutilizando-o. Isso não se dará abruptamente, exigindo esforço e prática, o que é alcançado também pela continuada exposição à dinâmica apométrica em grupos altruísticos. O hábil oleiro não molda o barro em peças úteis sem muito treino anterior.

Com todos os apelos sensórios com que somos bombardeados diariamente (Internet, televisão, jornais, revistas, anúncios, modismos), sentimo-nos como uma formiga tendo de remover o Himalaia. Não há um caminho mais ameno?

Lembrem-se de que é muito fácil ser virtuoso quando não há tentações à vista. Suas predisposições anteriores à atual personalidade instalam o saudosismo dos antigos eremitérios, onde o trabalho interno era perseguido no isolamento. Isso os leva a cair em comportamentos demasiado eletivos, quando não completamente isolados dos profanos comuns, "pobres mortais que nada sabem", muitos deixando a caridade em grupo para tentar alcançar sozinhos o pico da montanha. Na primeira queda, não há ninguém para segurar suas mãos; ao contrário: muitos inimigos a empurrar ladeira abaixo ou a colocar pedras em seus bolsos.

Aqueles que são verdadeiramente convictos de si e fiéis seguidores de seus planejamentos reencarnatórios, nas circunstâncias adversas da crosta terrícola, conseguirão inevitavelmente uma importante iniciação, adquirindo o direito cósmico de alçar voos no plano astral, e conseguirão dominar sua natureza inferior em meio ao burburinho da coletividade.

Muitos Espíritos, antes de voltar à carne, pedem duras provações para livrar-se mais rapidamente de pesados débitos do passado. Contraditoriamente, a maioria, vindo como médiuns, recai em condicionamentos e viciações mentais-emocionais que ressoam do inconsciente, de vidas passadas, intensificando suas pesadas dívidas na contabilidade divina.

Então, devemos fugir das condições adversas, como são as duras provações com a finalidade de subjugar nosso eu inferior na condição de médiuns encarnados?

De maneira alguma. Todavia, alguns Espíritos se impõem demasiada pressa. Muitos dos que se dizem espiritualizados, como falsos santos em conventos, não suportam a intensificação das provações a que se submeteram por sua livre vontade para se reformar. Não é de uma hora para outra que se "santificarão".

É óbvio que devem levar com o máximo de seriedade o nobre desafio de subjugar seu eu inferior. Isso passa longe do precipitado equívoco do pedreiro imprudente que, ao colocar mais areia do que o comum no carrinho de mão para não fazer serão depois do expediente, acaba fazendo uma liga insuficiente na argamassa usada para sustentar os tijolos do edifício. Os senhores do carma aguardam pacientemente o fortalecimento de cada individualidade, seja em que planeta for do Universo.

Não interpretem isso como excesso de compaixão e não se deixem conduzir a dispensáveis acomodações do Espírito. No Cosmo, no processo evolutivo que conduzirá todos aos páramos celestiais, a cada um são oferecidos os pedregulhos que podem ser carregados. Os planejadores cármicos contemplam não somente o que cada um merece, mas também o necessário ao seu pleno desenvolvimento espiritual no estágio em que se encontra. Assim, ao arquiteto é dada a oportunidade à elaboração da planta de uma construção de conjunto habitacional na periferia da cidade; ao contador cabe conseguir os recursos financeiros, repassando-os às classes populares; ao mestre de obras, zelar pelos materiais em sua qualidade, não extrapolando o orçamento da construção elaborado pelo engenheiro; e finalmente ao pedreiro, ao pintor, ao marceneiro, ao encanador, utilizar os insumos da forma mais eficiente possível. Assim, cada um, de acordo com seu estágio evolutivo, na vida diária irá ter infinitas oportunidades de adquirir controle sobre os desejos, sentimentos e as emoções que escravizam o corpo mental inferior ao corpo astral e este ao corpo físico.

Pode nos dar maiores informações sobre o refinamento do corpo astral e os motivos da ênfase que tem dado a esse veículo da consciência, sabedores que somos da estrutura setenária do homem?

De nada adianta presentear um filho com uma enciclopédia se ele não sabe ler. Tudo no Cosmo se relaciona harmonicamente, e os que intentam queimar etapas acabam como repetentes escolares. De que adiantará tudo saber dos planos idílicos, da tríade divina, se não conseguem controlar seus desejos e suas emoções sem se cristalizarem em penosas dissonâncias e viciações mentais-emocionais que, por sua vez, ocasionarão novas encarnações?

Sem os sentimentos de amor, altruísmo, devoção, humildade, compaixão e a mais fiel aspiração de servir ao próximo sem avaliar quem e onde, não será instalada em seu jardim interno a beleza que conduz ao pleno domínio do corpo astral. Quando a simples visão de um sofredor estropiado qualquer arrebatar seu coração, em sentimento de solidariedade e profundo amor, estarão com o corpo astral afinado para os delicados acordes das três dimensões da tríade divina. Sem isso, torna-se um recurso de retórica dispensável alardear verdades em relação aos corpos superiores da consciência.

Nota de Ramatís

Aos estudiosos das coisas espiritualistas que não se esquecem das obras práticas da caridade, profícuos em oferecer o pão para saciar aos que têm fome, não importando quem foi o plantador do trigal, o tipo de forno usado ou o padeiro que fez a massa, recomendamos aprofundarem-se no entendimento das funções do corpo mental inferior, estreitamente ligadas às do corpo astral, sistematizados por autores sérios, como, por exemplo, em compêndios teosóficos.

Embora esses dois veículos da consciência (mental inferior e astral) sejam distintos e separados vibratoriamente, acham-se tão intimamente relacionados um ao outro que no Oriente, com frequência, são tratados como sendo funcionalmente um só (*kama-manas*). Isso ocorre porque a principal função do corpo mental inferior é alimentar o intelecto, convertendo as sensações do corpo astral em percepções mentais de cor, forma, som, gosto, cheiro e tato.

Ramatís responde

No trabalho apométrico são usuais os atendimentos a distância, sem a presença do consulente; em alguns casos até sem alguém que o conheça fazendo a ponte vibratória. Outras vezes, basta o nome e o endereço, com uma breve descrição da pessoa a ser atendida. Efetivamente, o atendimento ocorre em todos os casos?

A dificuldade de vocês compreenderem os atendimentos a distância decorre de seu próprio meio de existência. Para se deslocarem e localizarem algo ou alguém, não se dispensa o tempo e o espaço tridimensional, daí a resistência de acreditarem naquilo que seus olhos não veem. Os recursos para encontrar-se um Espírito, seja no plano físico, astral ou mental, extrapolam seu pensamento cartesiano.

Para cada um dos corpos do homem existe um acorde, um tônus vibratório, peculiar e inigualável. É impossível existirem dois seres com uma nota tônica cósmica idêntica. Os acordes individuais produzidos nas dimensões etérica, astral, mental são facilmente identificados pelos

Espíritos benfeitores. Existem entidades especialistas nos sons, como se fossem rastreadores do Universo atemporal. O que se dá no atendimento apométrico é que "afinamos" os acordes dos sensitivos, adaptando-os às notas que estamos procurando, de acordo com os corpos sutis necessários para o socorro. Dessa maneira, rapidamente fixamos a sintonia do grupo com o atendido.

Certo está que existem dificuldades naturais: um atendido que se encontra num local de baixas vibrações, como os botequins, estádios de futebol, boates, rodas de bate-papo ou andando na rua em meio a uma multidão, pode inviabilizar quaisquer tentativas de aproximação vibratória. Podem concluir, assim, que os Espíritos benfeitores não fazem e não podem tudo. É de bom alvitre recomendarem aos consulentes que serão atendidos a distância que se mantenham no dia e horário do trabalho em locais e condições propícias ao socorro programado.

Deduzimos que não existem inferioridades, traumas ou obsessores "acima" do corpo mental inferior. Como entender a hipótese, com que já nos deparamos, do encontro de nódoas, desarmonias e desafetos do passado no corpo mental superior?

Cada consciência segue o seu livre-arbítrio, criando a sua liberdade de ação, ampliando o conhecimento e direcionando os atos de conformidade com os seus ideais. Isso não quer dizer que todos estejam expressando a verdade. Como os nossos compromissos envolvem uma coletividade no Espaço e muitos que estão estagiando no ciclo carnal, nossa conduta se rege por um carma grupal. Como somos referência de estudo para muitos irmãos, temos a obrigação com os maiorais sidéreos de orientar os que são simpáticos aos nossos singelos escritos.

É nosso dever resgatar, de forma palatável à cultura ocidental, os conhecimentos milenares da filosofia oriental. Nela se emoldura a verdade sobre os corpos superiores da consciência, que acomodam as potencialidades crísticas. Impõe-se que orientemos a comunidade a que somos ligados por fortes laços amorosos, alargando o discernimento dos indivíduos que sintonizam com as nossas ideias, liberando-os do tecnicismo exagerado e das incorreções.

Apenas no transcorrer das encarnações sucessivas poderão se aproximar da tríade divina, fonte de eterna luz e perfeição, por um hercúleo esforço individual, intransferível, tornando-se "um com o Pai", atuando em seu corpo causal como veículo de consciência.

Os que preferirem uma visão irreal exercitarão o seu livre-arbítrio, o qual respeitamos integralmente. Por outro ângulo, cabendo a cada um colher o que está semeando, reflitam que, ao terem o conhecimento da coisa verdadeira e certa, incorrerão em sério equívoco para com as leis e tribunais cósmicos ao persistirem no que é incorreto.

Alguns apômetras afirmam que o corpo mental superior é a sede do caráter, onde existem qualidades e defeitos. É viável supor que através do corpo mental superior se deem tanto manifestações de Espíritos mais evoluídos, já libertos das emoções, como de entidades intelectualizadas e inferiores que "incorporariam" nos médiuns, mesmo sendo os temidos magos negros?

Os Espíritos superiores, libertos das emoções, se manifestam através do corpo mental superior. O mesmo não ocorre com entidades intelectualizadas, desprovidas de amor e altruísmo, apegadas aos desejos grosseiros e às emoções animalizadas eivadas de egoísmo e vaidade. Os modernos aviões não cruzam as sinaleiras das esquinas do bairro metropolitano, chumbados ao solo, e os trens não perpassam em trilhos nos céus. O javali que se banha na lama não voa acima dos jardins floridos como o beija-flor, assim como a sombra e a luz não habitam o mesmo espaço. Eis que a primeira é a ausência da segunda. Assim, a cada um é dado se manifestar de conformidade com a sua natureza, por meio dos corpos sutis que acomodam o Espírito em sua gradação, nas dimensões vibratórias do Universo. Os corpos sutis, com seu conteúdo, são regidos pelas leis da natureza cósmica e independem da vontade dos homens.

Afirmamos que o corpo mental superior não é formado de matéria que contenha imperfeições, maldades, enfermidades. Muito menos emoções e sentimentos negativos transitam nas "vias expressas" da dimensão no Universo que corresponde, vibratoriamente, a esse veículo da consciência. Infelizmente, existe muita incompreensão sobre o plano mental e os seus habitantes naturais, sobretudo dos que só tiveram o embasamento espírita (onde tudo se resume ao perispírito) antes de iniciar ativamente os trabalhos apométricos.

Os Espíritos que habitam a dimensão vibratória que sustenta o corpo mental superior não têm mais os corpos astral e mental inferior. São seres libertos do ciclo carnal e de carmas que os imantariam aos níveis astral e mental inferior. A partir dessa esfera, que é o hábitat natural de tais consciências, o nível causal, quando há necessidade de "descidas" vibratórias para atuar nas dimensões mais densas (mental inferior, astral) moldam para si um corpo de ilusão, temporário, de matéria própria do plano onde vão se manifestar.

A característica vibratória preponderante do corpo mental superior e da matéria que forma o plano dimensional correspondente é o altruísmo, a Espiritualidade embasada no amor. Podem concluir, dessa forma, que os magos negros e seus discípulos de grande intelecto têm o corpo mental inferior altamente dilatado e inexiste correspondência vibratória que os faça manifestarem-se através de seus corpos mentais superiores. Mesmo que a maioria dos magos negros seja altamente desenvolvida intelectualmente, eles são incapazes de sentimentos altruístas; os desejos que os movem são meramente pessoais, logo têm seus corpos mentais superiores "atrofiados", "adormecidos" e não desenvolvidos.

Tenham em mente que os Espíritos altamente comprometidos com a magia negra podem utilizar, como veículo da consciência, apenas o corpo mental inferior, que, por sua vez, está emaranhado na matéria peculiar ao plano astral. É inevitável que suas atividades estejam restritas aos níveis inferiores do plano astral e, consequentemente, do plano físico, pelas energias animalizadas que utilizam.

Quanto aos benfeitores espirituais que estariam orientando trabalhos apométricos no sentido de haver manifestações psicofônicas de Espíritos sofredores e magos negros, por meio de seus corpos mentais superiores, atribuí tais condutas ao fato de alguns sensitivos terrenos não desejarem rever equívocos de pesquisas experimentais. É fácil usarem-se os guias como bengalas para ancorar os comportamentos idiossincráticos, seja na Apometria, no espiritismo ou na Umbanda, pois são inerentes aos homens, desde idos imemoriais, as disposições psicológicas que fazem o sujeito colorir as comunicações do "lado de cá" com tons personalistas.

A falta de aprofundamento na literatura especializada causa um confronto dispensável com a sabedoria milenar transmitida, em vários locais e eras diferentes, pelos instrutores planetários por intermédio dos santos e místicos da história. Há uma progressão nos conhecimentos canalizados pelo plano espiritual que aprofunda o já estabelecido sem contrariá-lo, o que alguns irmãos esquecem com muita facilidade. Será inevitável, com o pulso firme do fiel professor do tempo, a verdade prevalecer na cátedra da pré-escola espiritual que é o orbe terrestre.

Os sensitivos que estão há anos no trabalho mediúnico e insistem em dar comunicações psicofônicas dos mesmos mentores, guias e protetores, identificando-os rotineiramente pelos nomes próprios, geralmente médicos e destacadas personalidades do passado pertencentes à classe eclesiástica (freiras, clérigos e altos sacerdotes), podem estar criando conchas astral-mentais que os aprisionam?

Sem dúvida, é possível o sensitivo ficar aprisionado na concha astral-mental que ele mesmo idealiza, como se tivesse uma viseira. Há de se distinguir cada caso. O médium que é movido pelo amor e não apresenta interesse de promoção pessoal, não tem necessidade de ficar dizendo o nome sempre que o benfeitor, guia ou protetor se aproxima. Outros, disfarçadamente, anseiam o reconhecimento do grupo e até a sua dependência em relação a ele, "único" instrumento dos benfeitores. É lamentável quando o diretor terreno cria dependência de um único médium, alimentando as vaidades dissimuladas entre ambos.

Muitos homens consideram o tempo de experiência mediúnica um troféu a ser exibido, desconsiderando que a idade sideral do Espírito encarnado não se encontra em proporção direta ao número de aniversários no corpo físico provisoriamente ocupado. Esquecem-se que nenhum sensitivo é insubstituível, muito menos proprietário dos Espíritos. Existem os que anseiam tanto pelo médico mentor, a freira erudita, o sacerdote doutrinador, o iogue oriental de grande sabedoria, o filósofo grego ou o iniciado egípcio que plasmam inconscientemente uma forma de pensamento artificial que o substitui. O verdadeiro mentor não consegue mais chegar próximo, pela vaidade de seu antigo aparelho mediúnico e pela muralha preconceituosa que retém o sensitivo preso à forma transitória, que esmaga a essência duradoura do Espírito.

Agravam-se essas situações em médiuns neófitos, em que o animismo descontrolado gera um tipo de auto-obsessão. É indispensável, portanto, o autoconhecimento do sujeito. Muitos casos requerem o acompanhamento psicológico terreno como terapia coadjuvante ao processo de educação mediúnica, que nunca termina. Predominam, nesses casos desequilibrados, as ressonâncias de vidas passadas, de seres que foram portadores de patologias psíquicas. A força do inconsciente é tão intensa que rompe os laços da consciência da atual personalidade encarnada, estabelecendo-se vivências anímicas clarividentes indesejáveis. É tamanha a vontade de se ter um mentor importante que, muitas vezes, essas ocorrências se instalam em pleno estado de vigília, seja no lar ou no trabalho.

Cabe aos diretores de agrupamentos mediúnicos, seja na Umbanda ou na Apometria, esclarecerem aos sensitivos que o valor do instrumento mediúnico, ante a Espiritualidade, não está em manifestar este ou aquele abalizado Espírito, aqui ou acolá, mostrando destrambelho da casa mental, indisciplina e rebeldia pela carência psicológica que grita por reconhecimento como vistosa arara em zoológico.

No lugar do mediunismo que potencializa o "guiismo", totalmente dispensável, impõem-se as vivências alicerçadas no amor interiorizado e na elevação de sentimentos em prol da fraternidade, sem anseio de reconhecimentos pessoais descabidos transferidos para os "guias" mais abalizados do que outros do "lado de cá". Os verdadeiros benfeitores prezam a humildade e são extremamente discretos, preferindo as formas astrais anônimas às apresentações ilusórias como referendados doutores de outrora na Terra.

Ficamos um tanto confusos. Uma consciência maldosa e egoísta, seja Espírito sofredor ou mago negro, encarnado ou desencarnado, não é capaz de elaborar pensamentos abstratos?

Com certeza um ente maldoso e egoísta pode elaborar pensamentos abstratos. Nesses momentos, fugazes, as ondas mentais fracamente emitidas interferem na matéria do plano mental superior, que, por sua vez, tenta se aglutinar no informe e definhado corpo mental superior, que não funciona como veículo da consciência.

Um campo de força não se molda com a ausência de força ou matriz magnética. Os pensamentos abstratos elaborados nesses casos são como lampejos que rapidamente oferecem um rasgo de luz num quarto escuro. Todavia, no momento em que entra a vibração pessoal, sintonizada às questões do eu inferior que dominam esse ente, habitualmente almejando algo em proveito próprio que significa o mal para os semelhantes, as ondas de pensamento emitidas baixam abruptamente de frequência. Cessa o tênue estímulo ao corpo mental superior (que ainda não "nasceu", como se fosse um feto adormecido), passando o pensamento desse Espírito a conectar-se com a matéria dos planos mental inferior e astral, por uma simples questão de afinidade vibratória.

Pode um mago negro elaborar um pensamento abstrato a ponto de acionar um corpo mental superior embrionário caso se "esqueça", ao menos momentaneamente, de toda a sua maldade no exato instante em que idealiza o pensamento abstrato. A dificuldade está na manutenção do pensamento altruístico contínuo, que não é natural ao Espírito por não ser aquisição perene dentro das leis da natureza cósmica, de causa e efeito, que regem o carma e a evolução individual. Para melhor entendimento, conceba um canguru tendo de deslizar como um golfinho na superfície marítima ou um jacaré ereto colhendo maçãs.

Os Espíritos que não têm mais os corpos astral e mental inferior, habitando os três subplanos superiores do plano mental e, a partir daí, outras esferas vibratórias superiores (dimensões búdica e átmica), se comunicam com os médiuns encarnados somente pelo pensamento? Nesses casos, o intelecto desenvolvido do sensitivo torna o seu corpo mental (o inferior como o superior) expandido o suficiente para o intercâmbio mediúnico se dar com facilidade?

Os sensitivos que conseguiram afastar as influências do eu inferior, ou seja, aqueles que são altruístas, amorosos e fraternos e não apresentam lampejos de interesses pessoais nas lides com o Além, como se fossem iniciados do amor crístico, apresentam o corpo mental superior expandido, de cores vivas, irradiando ao seu redor sentimentos de tranquilidade, paz e felicidade.

Paradoxalmente, os seres considerados simplórios pelos homens de grande intelecto, para lidar com as coisas ocultas, são os que têm maior propensão ao desenvolvimento do corpo mental superior e que conseguem interiorizar o amor na sua simplicidade cósmica, como flor que se abre à primeira brisa primaveril. O intelecto desenvolvido não quer dizer amor interiorizado. Por isso, muitos Espíritos benfeitores, de grande elevação nas dimensões do amor cósmico, inefáveis, preferem o anônimo e simples médium ao destacado tribuno ou "doutor" terreno. Claro está que o médium estudioso, que expande sua intelectualidade conseguindo não perder a simplicidade dos sentimentos amorosos, o que denota sabedoria, será de inestimável valia ao plano espiritual.

É no plano mental que a maior parte da influência espiritual se dá, por intermédio dos pensamentos, o que não quer dizer que ocorra somente dessa maneira. Vocês têm uma disposição para as interpretações estandardizadas, algo parciais, como se uma coisa eliminasse outra, em especial nas interpretações doutrinárias que tratam do mundo dos mortos, como se o ar que atravessa as folhas do eucalipto em dia ensolarado não fosse o mesmo que oxigena o solo úmido e escuro.

O sensitivo desdobrado no corpo mental, seja inferior ou superior, é mais receptivo aos ensinamentos diretos dos mentores, que podem ser transmitidos com maior eficácia do que se fossem ministrados diretamente no plano astral. Isso não quer dizer que os sentidos do corpo astral não possam ser impressionados. Na maioria das vezes, os instrutores do "lado de cá" utilizam corpos astrais de ilusão e painéis pictóricos criados por sua interferência mental no plano astral, aglutinando as moléculas astralinas, que são de extrema plasticidade, assim estimulando o corpo astral do sensitivo.

É possível receber estímulos em mais de um veículo da consciência ao mesmo tempo, e as dimensões vibratórias se interpenetram, da mais rápida à mais lenta.

Pode nos dar mais explicações sobre os habitantes dos subplanos superiores do plano mental, onde alguns grupos dizem atuar com regularidade durante a dinâmica dos atendimentos de Apometria?

Raramente se atua no plano mental na dinâmica da Apometria. Excepcionalmente, nos subplanos inferiores dessa dimensão. Costumeiramente, a interferência apométrica se concretiza no plano astral e no plano físico com os médiuns desdobrados. Na maioria das vezes, por interferência dos mentores, há o "encapsulamento" do grupo, que atua como se estivesse num *set* cinematográfico sem saber. Isso se dá para sua proteção, uma vez que os médiuns podem ser facilmente iludidos se entrarem nas cidadelas astralinas sem cobertura espiritual. Noutras vezes, interferem, desprendidos no plano físico, nos resgates de Espíritos sofredores imantados na crosta e habitando as residências dos consulentes, bem como nas atividades em que o atendido se encontra a distância, o que não caracteriza que estejam projetados no plano astral.

Os habitantes do plano mental são Espíritos livres de carmas que os fixem no plano astral e que imponham reencarnações. Já são cidadãos cósmicos, muitos de outros planetas e galáxias, que ficam por amor no orbe terreno para prestar auxílio. Os que estagiam com corpos astrais no plano astral, inevitavelmente, terão de reencarnar, o que não se dá com os habitantes da dimensão mental, que vestem provisoriamente corpos de ilusão para atuar no plano astral, desintegrando-os quando retornam para o hábitat de origem. Isso ocorre quantas vezes for necessário e nas formas astrais adequadas a cada consciência que receberá as comunicações desses seres – Orientais, Pretos Velhos, Caboclos, monges, médicos, religiosos, parentes, entre tantas outras ligadas à ilusão das personalidades animadas no ciclo carnal, que muito impressionam os sentidos dos sujeitos encarnados.

Diante desta assertiva: "Na maioria das vezes, por interferência dos mentores, há o 'encapsulamento' do grupo, que atua como se estivesse num *set* cinematográfico sem saber", concluímos que raramente entramos no plano astral inferior sem cobertura espiritual. E nos casos de remoções e resgates de comunidades sofredoras das regiões umbralinas?

Continuam cercados em campo vibratório de proteção, como se fosse uma espécie de cápsula envoltória. Nesses casos, impõe-se a utilização de sensitivos desdobrados, projetados nesses locais de baixas vibrações, pela necessidade de enorme liberação de energia animalizada do corpo etérico. Então, mesmo que os dirigentes apométricos procedam às contagens, plasmando escafandros protetores, sem a inestimável ajuda de Espíritos especialistas nessas tarefas e profundos conhecedores das artimanhas dos servos dos magos negros, é impossível aos médiuns não se ressentirem vibratoriamente. Esses especialistas são conhecidos na Umbanda como Exus e são os mesmos que atuam no centro espírita, pois a natureza não está garroteada à vontade preconceituosa dos homens.

Há de se distinguir as irradiações mentais – apoiadas nas pausadas contagens magnéticas da Apometria, em que os médiuns não "descem" às regiões subcrostais do umbral – das incursões em que os médiuns se projetam a tais regiões. Nesses casos, é socorrido diminuto número de Espíritos, que precisam estar em condições vibratórias que permitem que os benfeitores se aproximem deles, mesmo que seja por meio de um elevador plasmado nessas zonas. Muitos sensitivos apresentam um estado de pânico só de pensar na possibilidade de entrar em tais locais do Além, o que deve ser respeitado. A cada um é dado conforme a sua consciência.

Gostaríamos de maiores detalhes de como se dá a interferência dos Espíritos benfeitores do plano mental para o astral, pelo que entendemos, a dimensão vibratória que prepondera na dinâmica apométrica. E quais os motivos de não atuarem diretamente do plano astral?

Nem todos os benfeitores são do plano mental. O pólen para as abelhas elaborarem o mel vem de diversas flores. Assim são os insumos para a caridade nas lides da Apometria. Os Espíritos sendo entes pensantes, e a ação do pensamento sendo mais rápida no plano mental do que no plano astral, respondendo fielmente à mais sutil emanação mental, naturalmente a intervenção no plano astral ocorre com maior efetividade quando feita do plano mental.

Os átomos da dimensão mental se aglutinam e, pelo poderoso impulso de entidades que trabalham em grupo, se rebaixam vibratoriamente, atraindo a essência elemental peculiar ao plano astral, que responde com facilidade às frequências impostas por uma onda vibratória mais rápida, que a domina completamente. Assim se criam as formas astrais em que os habitantes do plano astral não conseguem interferir: as construções das colônias espirituais, os centros de estudos, os hospitais, as escolas, as cidades, todas as habitações próprias à dimensão astralina. Sempre a frequência mais alta sustenta a mais baixa, incluindo a formação do orbe terrestre e dos astros do Universo manifestado no plano físico. Do contrário, haveria o caos na morfologia cósmica que ampara as diversas moradas da Casa do Pai.

Podemos entender essas formas criadas como se fossem entidades à feição de artificiais do plano mental que interferem no plano astral? Haveria outras finalidades para formas de pensamento do tipo artificiais em níveis de elevadas vibrações? Pensávamos que isso fosse dispensável.

As formas de pensamento criadas no plano mental para interferência no plano astral são como artificiais benfazejos (os artificiais não são somente para o mal) da alta magia cósmica, em prol da ordem morfológica natural e necessária a cada dimensão vibratória onde os Espíritos estagiam, em atrito com a forma manifestada. Claro está que sofreram rebaixamento vibratório para se concretizarem, não estando retidas no plano mental, mas implantadas no universo astral, como as cortinas e os cenários de uma apresentação teatral dirigida por competente cenógrafo.

O plano mental está repleto de formas de pensamento para que as criaturas que ali estagiam tenham equilíbrio; provêm dos planos celestiais (búdico e átmico), criadas por seres angélicos. Obviamente são mais belas, coloridas, radiantes, perenes e pulsantes do que as mais vistosas formas de pensamento do plano astral superior. Ainda não temos correspondência no acanhado vocabulário terreno ou nas limitadas percepções dos veículos inferiores, em que a consciência se manifesta, para fazer vocês compreenderem as paisagens do plano mental superior. Acaso pensam que os Espíritos habitam planos sem forma, em êxtase beatífico, como hibernados comatosos aguardando passivamente o julgamento final, ou se desintegram qual fumaça de incenso que se desfaz no ar?

9
Relato de caso 4

Consulente: OHU, 24 anos,
sexo feminino, solteira, católica

História clínica

A consulente apresenta câncer de tireoide com metástase na traqueia e no pulmão e já fez quatro cirurgias para remoção de nódulos, que retornaram. Atualmente tem mais quatro gânglios novos nesses órgãos. Essas recorrências vêm se repetindo faz três anos. Nunca teve sintomas físicos da doença, somente por meio de exames obteve um diagnóstico preciso.

OHU é extremamente dinâmica e inteligente; trabalha num importante veículo de comunicação. Apresenta temperamento ativo desde criança; é agitada e irascível. Raramente chora; nos diz que não se lembra da última vez em que as lágrimas rolaram por suas faces. Tem premonições quanto a pequenos fatos diários; sonha muito e tem lembranças de cenários, sempre em locais abertos. Durante as cirurgias, tem muitos pesadelos, mas sem rememoração.

Atendimento, técnicas e procedimentos

Houve dificuldade de os médiuns sintonizarem com o campo vibratório da consulente. Procedeu-se, então, nova contagem pausada de pulsos para expansão do duplo etérico, pela alteração da coesão molecular, com cânticos de Oxóssi e invocação de Espíritos da natureza ligados ao elemento ar, silfos e sílfides. Após esses procedimentos, percebeu-se a paciente envolta em arcos que formam barreira de "proteção", demonstrando iniciações na magia em passado remoto. Foi visualizado um cerimonial ritualístico em que OHU estava no meio de um círculo do tipo "druida", mas utilizando as forças da natureza para o mal. Foi desfeita essa iniciação com o agrupamento do Oriente e cânticos da linha de Xangô. Entidades persas retiraram os arcos vibratórios que a circundavam, ao mesmo tempo em que houve a manifestação de um "guardião" que estava tentando bloquear o atendimento.

Imediatamente após, um médium sintonizou com faixa de passado da paciente, em catarse, com falta de ar. Foi desfeito esse trauma e realizada a despolarização de estímulo de memória. Nessa vivência, a consulente trabalhava em pesquisas e fazia experiências com pessoas para envenenamentos silenciosos, assintomáticos, por chumbo e outros metais pesados. Foi aplicado microprocessador de composto floral para drenagem linfática dos nódulos da traqueia e do pulmão e indicado que ela tomasse dois litros de água por dia para ajudar o expurgo.

Orientação

Foi orientado a OHU que continuasse com o tratamento médico e a educação dos sentimentos, para que não se coloque sempre como se fosse uma heroína inabalável. Ela deve aprender a lidar com as suas fragilidades e, sempre que sentir necessidade, chorar sem vergonha de sentir-se fraca.

No momento da orientação, um dos sensitivos exteriorizou, por meio de catarse anímica, o estado emocional da paciente (sintonia com o corpo mental inferior e corpo astral), que se manifestou chorando, dizendo que queria desistir, não queria mais ficar ali, queria estar livre, pois sentia-se presa ao corpo físico. Então, foi feita uma nova despolarização de memória, o que se dá sempre no corpo mental inferior.

Conclusão e histórico espiritual

Quadro típico de ressonância com o passado com recordação tormentosa, fragmentária, de encarnação anterior. A consulente se "via" em "*flashes*" ideoplásticos de situação traumática de vida passada. Tendo sido médico pesquisador de uma instituição alquimista especializada em envenenamentos encomendados, pelos idos da Idade Média, destacou-se pelo avanço de suas descobertas: metais pesados em baixas dosagens, como, por exemplo, o chumbo, continuadamente aplicados causavam desfalecimento lento e de difícil detecção à época. Isso acabou fazendo com que adquirisse para si grande comprometimento com as leis cósmicas, estabelecendo estigma cármico físico, que, por sua vez, formou um núcleo obsessivo a sua volta.

Podemos afirmar que as recorrências do câncer em uma pessoa jovem e bonita, como é OHU, estão a lembrar, como chicotadas doloridas no dorso, sérios equívocos de outras vidas, "anomalia" que aponta inexoravelmente para a retificação espiritual.

Revisão

Foi realizada uma revisão trinta dias após o primeiro atendimento. OHU estava risonha e corada. Então, ela foi desdobrada, e um cilindro verde do Hospital do Grande Coração (complexo hospitalar no Espaço que dá cobertura ao grupo e a todo o trabalho de Apometria na

Umbanda) a envolveu, ao mesmo tempo em que houve o "encapsulamento" de toda a área espacial de trabalho na crosta e blindada a corrente mediúnica para o rebaixamento da ala de "genopatia", que atua nos genomas e no DNA.

Ainda não temos palavras para descrever o trabalho médico avançado realizado no Espaço pelo agrupamento do Oriente. Percebemos um tratamento para tireoide, como se a contrapartida etérica dessa glândula estivesse sendo fatiada em lâminas para a restauração de sua programação original. Um perseguidor a tinha alterado vibratoriamente pela polarização, na rede neuronal da atendida, de trauma de vida passada que repercute especificamente nessa glândula.

Observamos que OHU ainda não aprendeu a exteriorizar os sentimentos negativos, reprimindo-os.

Observações de Ramatís sobre esse caso

As catarses contidas embotam o psiquismo, resultando nas recorrências verificadas, como se um duto que deveria escoar os sentimentos negativos estivesse obstruído na estrutura psicológica da consulente. Isso faz com que se criem vórtices negativos na contextura do duplo etérico, repercutindo negativamente no vaso físico, tal qual fulcros desarmônicos, somatizados na forma de nódulos cancerígenos. Verifica-se viciação mental-emocional – o corpo mental inferior está cristalizado num padrão de pensamento, fixo em condicionamento do passado, que bloqueia a exteriorização dos sentimentos negativos pelo corpo astral. Será imprescindível para a atendida a educação dos sentimentos, aprendendo a canalizá-los (choro, catarses emocionais) nos corpos astral e etérico e a ajustar o fluxo vibratório entre esses veículos inferiores, liberando o físico de ser um exaustor prejudicial para a saúde no plano material.

Podem concluir, pelo caso analisado, que certas experiências na vida do ente encarnado requerem a atuação da consciência desperta, fundamental para o aprendizado retificador do Espírito retido no corpo físico. Ninguém tem o direito de interferir – o que de fato é impossível – ou proceder a tentativas descabidas de reprogramações cármicas em corpos superiores.

"Curas fantásticas" na verdade não têm nenhum fundamento pelas leis cósmicas de causalidade que regem o estágio carnal em que todos vocês se encontram. A Apometria se baliza pelo merecimento individual de cada cidadão e respeito ao livre-arbítrio. É eficaz no sentido de causar o conforto espiritual em todos os consulentes, mas passa longe de ofertar curas em todo o universo de atendidos. Se assim fosse, seriam curandeiros sem habilitação nas leis divinas, meros feiticeiros encarnados. Estariam nas mãos dos magos negros como zumbis autômatos, controlados mentalmente por gigantesca egrégora plasmada por organização poderosa do umbral inferior, que oferta as curas por interesse de dominação coletiva. Do "lado de cá", o conhecimento está muito mais avançado que na crosta, e sobejam os egos avantajados dos homens que alimentam esse processo. O que falta em demasia é amor e humildade nos subplanos astrais inferiores que tangenciam o orbe terrestre.

10
Relato de caso 5

Consulente: LMTK, 35 anos,
sexo feminino, casada, espírita

História clínica

A consulente sente dores nas pernas desde os 6 anos de idade, sem causa aparente. Recentemente teve fisgadas na região do abdômen, onde foi detectada endometriose pela laparoscopia. Apresenta um quadro geral de abatimento, com picos de depressão e ansiedade. Diz que está muito cansada e que dorme muito pouco. Sente muita falta dos pais, que moram no Japão; gostaria muito de poder ficar com eles e retornar àquele país.

Atendimento, técnicas e procedimentos

Com o desdobramento induzido da paciente, após pausada contagem de sete pulsos energéticos, dois sensitivos do grupo, ao mesmo tempo, manifestaram catarses referentes a duas faixas de ressonância com o passado da consulente.

Durante uma guerra no Antigo Oriente ela trabalhava, junto com a família, à beira de uma montanha, onde colhiam cogumelos para fazer unguentos destinados à cura de tecidos necrosados em feridos, no *front*. Eram cobrados pelo imperador a fazer maior quantidade desse remédio, a fim de atender os homens do exército. Nossa consulente viu um de seus familiares ser torturado para que produzisse mais do medicamento que cessava as infecções.

Na outra faixa de ressonância, ela trabalhava num átrio egípcio, no interior de uma pirâmide, com mumificação de crianças. Nesse cenário remoto, utilizava bálsamos em que ela era especialista. Para exercer essa função, foi treinada para não liberar os sentimentos, para ter controle absoluto e total respeito pelos sacerdotes mais velhos.

Após o alinhamento dos chacras, foi feita a despolarização de memória das faixas do passado, sendo que a segunda ressonância estabeleceu sintonia com bolsão de Espíritos sofredores no umbral, presos em formas de crianças mumificadas, como se fossem estátuas de pedra encharcadas de um limo putrefato. Um médium deu passagem ao Espírito sofredor de uma criança mumificada, que foi atendida e encaminhada, levando junto o bolsão de sofredores. Houve apoio com cânticos de Oxóssi, e os Caboclos curadores dessa linha procederam ao socorro de todos os sofredores, refazendo suas formas e liberando-os da louca fixação mental em que se viam escravizados há centenas de anos.

Orientação

Foi recomendado à consulente que desse continuidade ao trabalho espiritual que desenvolve no centro espírita que frequenta e que não deixe de praticar a mediunidade com disciplina. Urge, porém, aprofundar o seu autoconhecimento e amor-próprio para que possa tornar-se mais receptiva à família e se sentir mais amada. Como tem uma educação oriental, represa os sentimentos, como se fosse de pedra, o que não corresponde à realidade do cotidiano no Ocidente e às atribulações da vida diária. Foi orientada para não ter vergonha de chorar, associando sua busca com acompanhamento de profissional da Psicologia.

Conclusão e histórico espiritual

Represamento dos sentimentos, viciação mental-emocional, causando um desequilíbrio energético que não permite liberar as catarses mediúnicas, levando à "congestão de fluidos", por isso sente muitas dores. Não exteriorizando a contento as manifestações mediúnicas dos irmãos sofredores do além-túmulo na mesa, fica em descompasso vibratório – placas, morbos e formas de pensamento densos criados pelo corpo mental inferior não são desintegrados do seu campo psíquico. É necessário que os seus corpos astral e etérico sirvam de exaustores, o que não se dá numa faixa meramente mental. Impõem-se as catarses, que são os sentimentos colocados para fora no momento da passividade mediúnica. Esse desajuste anímico-mediúnico ocasionou uma auto-obsessão com pensamentos parasitas recorrentes e instalou uma síndrome de ressonância com o passado referente a duas vivências belicosas, em termos de relacionamentos pessoais.

11
Complexos psíquicos e imagens mentais

Ramatís responde

Concluímos que as manifestações mediúnicas com enormes flutuações emocionais, catárticas, desgastantes para os sensitivos, são um roteiro de autoconhecimento. Percebemos que certos médiuns, depois de um tempo, cessam de dar esse tipo de manifestação, outros continuam, como se estacionassem, não ampliando a educação consciente dos sentimentos. É isso?

Os antigos alquimistas mencionavam o período de "escórias e escumas" que subiam à superfície nas fases iniciais dos seus experimentos químicos. Em analogia, isso não é diferente nos sensitivos, como se fosse um enovelado de complexos psíquicos, ocultos no fundo escuro dos porões mentais, que sobem buscando a fresta iluminada pelo Sol, durante os primeiros estágios do exercício da mediunidade. São registros que estão no inconsciente milenar e precisam ser exteriorizados pelas catarses, como folhas pútridas que acompanham a correnteza da água que passa pelas comportas da usina hidrelétrica recém-inaugurada.

Conforme esses traumas passados vão se soltando, poderão ocorrer manifestações emocionais violentas, que flutuam subjacentes à consciência atual. Os dirigentes devem ter habilidade para orientar adequadamente os sensitivos, sob pena de estigmatizarem o animismo como se fosse mistificação (situação corriqueira em muitas escolas de médiuns), o que em absoluto não é o caso.

Nas discussões em grupo, abrem-se os caminhos para o autoconhecimento, e, aos poucos, a alma vai se aquietando e advém a serenidade necessária à passividade mediúnica.

Todavia, vocês incorrerão em erro se permitirem que o neófito se coloque, com o passar do tempo, como se tivesse concluído a universidade do Terceiro Milênio, colado grau na cadeira de "purificação espiritual", estando eleito como "direitista do Cristo" (os chamados "médiuns prontos"), o que só fortalece a vaidade e a acomodação. Haverá sempre a necessidade de purgação do instrumento que oferece a sua tessitura sensitiva, seja mediúnica ou anímica, pois o ego diminui quando os apelos da personalidade inferior são desbastados pelas catarses, mas se encontra muito longe da exaltação perene dos sentimentos amorosos que libertam o ser do ciclo carnal.

Com a imoralidade preponderando na psicosfera que circunda o planeta Terra, e a maioria absoluta dos Espíritos que evoluem no orbe se encontrando retida nos subplanos umbralinos, não é demais supor que as incursões socorristas aos moldes da Apometria e da Umbanda sempre exigirão a sintonia com mentes em desalinho e cristalizadas no Astral inferior. Como o semelhante atrai o semelhante para curar, obviamente não se requer instrumentos "perfeitos" da seara do Cristo. Se assim fosse, seria dispensada a sensibilização mediúnica que vocês receberam antes de reencarnar e que perdura por todo o interregno terreno.

Acontece que algumas criaturas, por pura preguiça mental, preferem seguir a lei do menor esforço e acomodam-se, quais canoas encalhadas em terreno alagadiço, em modelos bem definidos de manifestações, repetitivos, em grupos mediúnicos que denotam claramente falta de autoconhecimento, carências emocionais e deseducação do sentimento.

Contudo, há de se discernir alguns cidadãos da Nova Era, preguiçosos para o trabalho interno, mas de grande intelectualismo para as coisas exteriores, dos que têm diminuta amplitude intelectual e pouca cultura para compreender a si próprios interiormente, o que os leva a ter enormes dificuldades de educação consciente dos sentimentos. Aos primeiros falta vontade de semear para protagonizar mudanças no vasto campo interior do psiquismo. Quanto aos últimos, recomendamos muita tolerância, amparo e fraternidade, propiciando-lhes o adubo necessário para despertar a simplicidade amorosa, paradoxalmente facilitada pela ausência do avantajado conhecimento.

Reflita sobre os motivos pelos quais Jesus procurou Seus apóstolos entre os homens toscos do povo em vez dos eruditos dos templos.

Para a aplicação da Apometria ser bem-sucedida, é essencial que o dirigente esteja apto a elaborar imagens mentais e "sugestionar" o grupo. Considerando que somos naturalmente desconcentrados, concluímos que nem todos se adaptam à dinâmica apométrica. Nesses casos, podemos deduzir que há uma exigência de postura pessoal e treinamento mental muito mais ativo do que a "mera" passividade mediúnica tradicional, em que se espera os Espíritos aproximarem-se da mesa no escuro, entre cochilos e bocejos?

Sem dúvida, para os trabalhos mágicos com Apometria ser bem-sucedidos, é de fundamental importância que o operador encarnado tenha a capacidade mental para movimentar as energias cósmicas e condensá-las, direcionando-as e controlando-as no plano astral, processo que é potencializado pelo apoio dos Espíritos que dão suporte ao agrupamento. Evidentemente que os princípios de criação das formas de pensamento em que todos se apoiarão são os mesmos da magia de todos os tempos, precisando o mago operante no plano material ter a disciplina e a concentração mental necessárias para a "solidez" das imagens nas dimensões etérica e astral.

Há de se salientar que a mente se oporá com acentuada rebeldia às tentativas conscientes de treiná-la. Os artifícios inconscientes irão das dores de cabeça e palpitações às agitações e dificuldade de concentração, entre outras artimanhas próprias que acompanham o hábito indisciplinado de pensar. A mente "julga" pelas impressões do corpo mental concreto, arraigado aos padrões tradicionais que precisam dos estímulos visuais e auditivos para reter-se por alguns minutos em atenção. É quase impossível deter-se esse fluxo de pensamentos rebeldes, o que exigia dos antigos iogues um esforço hercúleo de anos para conseguir esvaziar a mente de forma disciplinada, com a força do ato volitivo consciente.

Infelizmente, esse treinamento é escasso nos dias de hoje, pois o que vemos na grande maioria dos grupos de Apometria é uma dificuldade enorme de concentração dos sensitivos, assim como, raramente, a capacidade mental adestrada de criarem-se formas abstratas sem os estímulos sensórios dos sentidos físicos convencionais. Na maioria das vezes, se não fossem as adestradas mentes dos Espíritos benfeitores que dão cobertura aos trabalhos apométricos, essas lides seriam um fracasso. A ansiedade e a agitação comuns no Ocidente são corrosivas para o esvaziamento mental necessário à elaboração, nas dimensões suprafísicas, de formas que amparem as energias que estão sendo condensadas. Sendo assim, não existe muita diferença entre os cochilos e bocejos da mesa mediúnica tradicional da habitual desconcentração agitada dos médiuns apômetras. Em ambos os casos, a caridade acontece porque lá está o plano espiritual trabalhando arduamente.

Por outro lado, assim como existem grupos concentrados e dinâmicos na passividade mediúnica, localizados em mesas mediúnicas penumbrosas, também na Apometria, entre contagens e estalos de dedos estridentes, muitos são os operadores capazes e médiuns zelosos que procuram dar o máximo de si. Ao apontarem as deficiências de seus irmãos de labores caridosos, não façam qual o síndico ardiloso do edifício que avisava a todos que o vizinho de tal andar possuía um vazamento que provocava goteiras no apartamento de baixo, "esquecendo-se" de divulgar o escapamento na tubulação de gás da sua cozinha, que podia explodir a qualquer momento.

Na postura ativa dos grupos de Apometria, tornou-se habitual trazer Espíritos obsessores por meio de evocações e criação de campos de força de detenção. Parece-nos que há um "pelotão de choque"

dando cobertura às lides apométricas. O agrupamento terreno não corre riscos de assédios e revides adotando esses procedimentos, a nosso ver, violentos?

Nos trabalhos mágicos de todos os tempos sempre houve uma operação conhecida por exorcismo, que nada mais é que o afastamento dos Espíritos obsessores do indivíduo e do local por ele habitado. As evocações e invocações são necessárias para que haja concentração, e a corrente mental criada pelas emanações dos encarnados fornece a quantidade de energia necessária para as intervenções que estão ocorrendo nos subplanos inferiores do plano astral, conduzidas pela equipe espiritual.

É verdadeira a existência dos "pelotões de choque", o que não tem nada a ver com violência. Considerem que um Caboclo de Ogum, em trânsito nas zonas abissais, e um Exu guardião, atuando nas esferas trevosas da subcrosta terrícola, não são exemplos de mansuetude e cordialidade se comparados a uma freira fazendo preleção evangélica para estudantes púberes numa manhã dominical, mas passam ao longe de serem classificados como violentos. Esses equívocos de interpretação demonstram preconceito com as diferenças de aparência (formas) dos corpos astrais que as entidades adotam, que, por sua vez, são plasmadas em concordância com as coletividades que estão sendo socorridas.

Para debelar uma rebelião em um dos presídios terrenos, de nada adiantará uma legião de clérigos fervorosos com a Bíblia em mãos cantando hosanas ao Senhor, sujeita a ser trucidada pelo levante armado. A atuação dos guias e protetores se baseia na justiça cósmica e no merecimento dos cidadãos, plenamente aprovados pelos competentes tribunais do Astral superior.

Os assédios e revides ocorrerão se no âmago de suas almas não houver verdadeiras intenções de servir com humildade, amor e respeito a todos os irmãos, sejam quais forem as atividades que envolverem o mediunismo, como se fossem beija-flor querendo alçar voo com as asas encharcadas de pegajoso piche.

Observamos alguns irmãos umbandistas arrastarem móveis, a fim de obter espaço para improvisar congás em suas residências. Logo passam a dar consultas e todo tipo de atendimento em suas moradas.

Qual sua opinião sobre as atividades de caridade realizadas em ambiente doméstico?

Infelizmente, essa situação é corriqueira. É generalizado o desconhecimento dos fundamentos mínimos da consagração vibratória de um templo de Umbanda. Os trabalhos realizados durante uma sessão de caridade (consulta, desobsessão, desintegração de formas de pensamento, morbos psíquicos e larvas astrais), aliados ao desmanche de magia negra e de outras ferramentas de ataques psíquicos espirituais, necessitam de campos de forças adequados para proteção, como forma de dissolver todos os restos fluídicos que ficam pairando no local, no éter circunscrito à crosta terrestre. É como se uma casa de Umbanda fosse uma enorme usina de reciclagem de lixo astral. Atividades sem nenhuma fundamentação defensiva no campo da alta magia, não amparadas pela corrente mediúnica e pelos devidos condensadores energéticos, tendem a se tornar objeto de assédios das regiões trevosas.

Os trabalhos de caridade em residências impregnam negativamente o ambiente doméstico. Há uma diferença enorme entre a benzedeira, que é puro amor e ora ardentemente no cantinho de sua choupana, com fé desinteressada, e os médiuns vaidosos que trabalham em casa com seus guias "poderosos", que tudo fazem por meia dúzia de moedas. Os que persistem em sua arrogância, a ponto de prescindir de um agrupamento e de um templo ionizado positivamente para a descarga fluídica de uma sessão de caridade, acabam tornando-se instrumentos das sombras, muitas vezes à custa da desunião familiar, de doenças e ferrenhas obsessões.

12
Relato de caso 6

Consulente: LPP, 50 anos,
sexo feminino, casada, espírita

História clínica

A consulente teve um AVC (Acidente Vascular Cerebral) no início do ano, ocasião em que se detectou um pequeno tumor no seu cérebro, na altura do lobo frontal, que foi retirado em processo cirúrgico. Ela apresenta uma lesão cancerígena de sete centímetros no pulmão, acompanhada de adenocarcinoma (células tumorais que se dispõem de modo a reproduzir, grosseiramente, o aspecto das glândulas e mucosas normais), faz tratamento de radioterapia e está extremamente enfraquecida, com aparência senil e desnutrida, não tendo apetite. Nos últimos cinco anos, fez exercícios de projeção astral e da consciência em sua casa, inicialmente com um pequeno grupo formado pelo esposo, que se diz estudioso autodidata do assunto. Nos últimos dois anos, permaneceram somente ela e o marido, sendo que tem muitas visões e pesadelos, mesmo agora que deixou de provocar os estados clarividentes pelos desdobramentos induzidos.

Nunca trabalhou ou educou a mediunidade em um grupo de caridade assistencial, alegando que na sua cidade não existe nenhum. Respondeu-nos que sempre esteve acompanhada do seu "mestre" nas atividades projetivas.

Atendimento, técnicas e procedimentos

Procedido o desdobramento de LPP pelas contagens apométricas, imediatamente manifestou-se o "mestre", irado, dizendo que agora que estava quase terminando o seu trabalho para "explodi-la" ninguém tinha o direito de interferir. Ato contínuo, um dos médiuns visualizou o duplo etérico da consulente envolto numa corrente de aço que "descia" para uma câmara escura em direção ao centro da Terra. A entidade raivosa foi encaminhada para o Hospital do Grande Coração, por meio de uma malha magnética e cânticos de Ogum. Em seguida, foi criado um campo de força piramidal no interior do salão plasmado na subcrosta, berço de iniciações na magia negra com que a consulente está envolvida por fortes laços do passado.

Toda a comunidade de Espíritos sofredores mantida em dominação mental coletiva foi libertada, tendo havido manifestações simultâneas na corrente mediúnica. Invocaram-se as vibrações de Xangô e Iansã para que a justiça cósmica fosse reinstalada, caso houvesse merecimento da consulente. Amuletos, escudos, mandalas e outros apetrechos utilizados pelo mago negro dominador, bem como o seu laboratório, foram desintegrados com a manipulação do elemento fogo, e, logo após, essas energias transmutadas retornaram à natureza com os pontos cantados de Iemanjá e Ogum Iara.

Uma chuva de pingos prateados luminosos acabou por desmanchar todas as formas plasmadas no umbral inferior, sendo tudo levado como uma grande correnteza de cachoeira. Após esses procedimentos, alterou-se momentaneamente a coesão molecular do duplo etérico da atendida pelas contagens e pelos cânticos de Oxóssi, alinhando-se os chacras e "diminuindo" a sensibilidade do frontal para minimizar-se a clarividência descontrolada. Concomitantemente, foi procedida a despolarização de estímulo de memória da atendida, com a intenção de "cortar" a forte ligação com o seu "mestre".

Colocou-se microprocessador com carvão vegetal no bulbo raquidiano etérico, para expurgar energias negativas que ainda seriam formadas pelo metabolismo fisiológico de LPP, muito comprometida com a magia negra no passado remoto.

Orientação

Foi dito a LPP que o plano astral inferior tem muitos recursos para ludibriar, causar equívocos e falsas impressões com a finalidade de envolvimento e dominação mental. A clarividência ostensiva é uma das mais difíceis faculdades anímico-mediúnicas e facilmente conduz às fascinações, o que estaria ocorrendo com ela e o esposo. Os preceitos de segurança no exercício da mediunidade recomendam a sua prática com finalidade caritativa num grupo, em local próprio para o socorro e a movimentação de energias telúricas.

Mesmo os exercícios projetivos, aparentemente sem cunho mediúnico (ditos de "simples" desdobramento anímico, que plasma formas de pensamento com cromoterapia mental), em se tratando de auxílio para encarnados, hospitais, creches, presídios, asilos e outros locais terrenos de sofrimento, levarão à sintonia com os habitantes do além-túmulo que se encontram em conexão (assédio) contra os vivos da crosta. Isso pode determinar sérios riscos, porque a residência não é um local magnético consagrado e não tem o apoio vibratório de uma corrente mediúnica com essa finalidade, o que não propicia a devida cobertura espiritual superior.

Muitos chegam aos templos de Umbanda e aos trabalhos de Apometria com sérios desequilíbrios por terem aprendido exercícios projetivos em cursos e seminários de fim de semana, regiamente pagos. No caso específico de LPP, os amigos espirituais informam que causou graves sequelas, pela exposição frequente aos fluidos enfermiços e pesados do umbral inferior, sem a correta "descarga" dessas energias deletérias, determinando em poucos anos sérios danos à sua saúde.

Conclusão e histórico espiritual

Auto-obsessão com pensamentos parasitas recorrentes. Fascinação pelos fenômenos visuais. Os exercícios continuados despertaram em LPP intensa ressonância com o passado, época em que fora uma eminente e rica clarividente da Idade Média. Tendo utilizado muito a magia negra em proveito próprio, antigo desafeto do passado aproveitou-se da fascinação instalada e "utilizou" a atendida por vários anos como instrumento mediúnico de poderosa organização mentalista da subcrosta, disfarçado de seu "mestre" espiritual, para fria e planejada desforra.

Revisão

Em revisão realizada no dia de consulta, LPP nos disse que não estava mais realizando exercícios projetivos em sua residência, que já conseguia dormir melhor e não tinha mais pesadelos nem contatos com o falso mestre extrafísico. Nessa ocasião, os amigos espirituais orientaram que não haveria sintonia com ressonâncias do passado: LPP teria de se esforçar com suas próprias condições, pois detinha enorme capacidade intelectual e conhecimento, que propiciam a sua atual consciência ser ferramenta da busca da cura perene, principalmente pela mudança interior, não tendo merecimento para outra despolarização de memória – caso contrário, praticaríamos a magia negra.

Foi reafirmada a importância de ela integrar-se a um grupo harmônico para educar a mediunidade. Quanto ao câncer pulmonar, que se estabilizou, foi recomendado prosseguir com o atendimento médico.

13
Percepções supraconscientes

Ramatís responde

A hipótese de um Universo supraconsciente, superior ao mundo físico, que o tangencia e o interpenetra, não é algo remoto e distante do homem comum que permanece fixo nos estreitos limites das percepções da matéria? Quando perceberemos conscientemente as realidades ocultas que nos cercam?

Não poderemos fazer vocês entenderem plenamente o Universo em suas dimensões superiores (causal, búdica e átmica). O fato de estarem encarnados, retidos num corpo físico, veículo de consciência limitado, impede as percepções ampliadas do ilimitado que os cerca. Entretanto, a árdua tarefa de transformação que o Espírito sofre requer que cada veículo da consciência se expanda gradativamente no Universo setenário.

Os corpos superiores da tríade divina, formados de matéria rarefeita e sem imperfeições, serão utilizados nos momentos cósmicos decorrentes de direito adquirido pelas experiências do Espírito, que o levarão inexoravelmente a compreender as realidades externas universais, ampliando suas percepções para estados supraconscientes inimagináveis.

As verdades ocultas requerem um estado receptivo para absorverem-se as teses formuladas pelos místicos e santos da história, compiladas pelos estudiosos ao longo do tempo, método seguro para dilatar seu discernimento, aceitando como razoáveis os conhecimentos, aparentemente hipotéticos, das realidades a ser alcançadas num futuro remoto.

O Princípio Primeiro – Incausado, Eterno, Incriado, Imutável, Absoluto, Onisciente, Imanifesto aos sentidos grosseiros dos indivíduos – extrapola e transcende a capacidade de compreensão do homem. O Espírito e o mundo manifestado, a consciência e a matéria, são realidades dependentes e aspectos peculiares da Unicidade divina.

As galáxias, com suas estrelas, e os infinitos sistemas solares e os seus orbes são a última cadeia da realidade cósmica. Cada sol, com seu sistema, é como se fosse uma unidade dependente do Imanifesto, estruturado de conformidade com as leis imutáveis da natureza, provindas da inteligência do Pai Maior. O que percebem com seus sentidos físicos, no mundo visível, é uma grande escola evolutiva. Os mundos invisíveis, compostos de matéria progressivamente mais leve e rarefeita, interpenetram a dimensão terrena; fazem parte do grande plano divino de evolução da consciência, auxiliado por hierarquias de seres livres do Cosmo em vários estágios evolutivos diferentes.

Os homens são divinos porque procedem da Divindade maior, como se fossem chispas que se soltaram da totalidade universal oculta. As suas potencialidades crísticas estão latentes como uma semente que ainda não germinou. O desenvolvimento de sua capacidade perceptiva se estabelecerá pela utilização dos corpos ou envoltórios da mônada espiritual (do mais denso e material para os mais sutis e rarefeitos), como veículos de manifestação da consciência, para compreenderem as diversas dimensões do Universo em sua estruturação setenária. A libertação das reencarnações sucessivas é o primeiro passaporte para os cidadãos cósmicos. Muitas serão as estações percorridas após a partida nesse voo inaugural.

As leis naturais que regem a evolução espiritual, desde o plano físico até as paragens invisíveis às percepções do ciclo carnal, abrangem, em seus artigos imutáveis, os sete corpos do homem, veículos da consciência nas dimensões correspondentes do Universo. Assim, vocês acabarão percebendo as realidades ocultas que os cercam.

Pode nos ditar algumas técnicas para que possamos ir desenvolvendo as percepções psíquicas através dos diferentes corpos sutis, o que caracterizará esses envoltórios como veículos de expressão da consciência?

Mestre Jesus, o qual seguimos em nossas despretensiosas lides neste planeta, nunca ensinou técnicas milagrosas. Sempre mostrou o árduo caminho a ser percorrido individualmente. Inquirido por um discípulo sobre quando viria o repouso dos mortos e em que dia se daria o mundo novo, Ele respondeu: "Aquilo que vós aguardais já veio, mas vós não o conheceis". O Mestre queria dizer que a verdade não se prende às ilusões dos sentidos, que o agora é eterno e onipresente. O reino de Deus, estando dentro de vocês, tudo é, nada foi ou será. Como só percebem com os sentidos físicos, foco de sua consciência atual, não conseguem se fixar na realidade do Espírito. Os estímulos externos que não os deixam esvaziar a mente analítica impedem a presença da intuição que os fará concluir que estão no Universo com Deus, e Deus está em vocês com o Universo.

O desenvolvimento de suas percepções interiores, ocasionado pelo estímulo dos corpos sutis superiores, acontece nos refolhos da alma. O conhecimento das realidades transcendentes é proporcional à capacidade latente, de cada indivíduo, de responder às diversas vibrações das dimensões do Universo que se atritam com seus corpos sutis.

Assim como a explicação do prisma decompondo a luz solar se mostrará incompreensível ao cego, é impossível explicar algo em fórmulas ou técnicas a fim de desenvolver suas percepções supraconscientes pelo uso dos corpos sutis, pois o sensitivo de que nos servimos para transmitir essas linhas não tem capacidade de descrevê-lo no idioma que utiliza, tal a limitação natural imposta pelos seus corpos inferiores. Todavia, muitos de vocês conseguem perceber intuitivamente o que o Cristo dizia ser a pérola oculta, ou seja, suas próprias faculdades interiores a ser conquistadas com as experiências, de dentro para fora, e não com o exercício do intelecto, de fora para dentro.

As divagações intelectuais, estando presas à dimensão física, tornam incomunicáveis os mundos elevados. Não por acaso, Buda e Jesus, quando interrogados sobre Deus e o que era a verdade, guardaram silêncio. Os verdadeiros instrutores da doutrina cósmica ao longo dos tempos recusaram debater elucubrações estéreis com os curiosos e os não iniciados nos "mistérios" superiores da alma que jazem dentro de cada individualidade imortal.

Conforme vocês forem tendo sucesso no desenvolvimento das capacidades interiores, sua natureza espiritual se abrirá para as realidades exteriores invisíveis. Os labirintos profundos da vida, percorridos com amor por tudo e por todos, lapidam o ser para os páramos celestiais das dimensões superiores do Universo.

Não se deixem levar pelo arrulho dos filósofos espiritualistas acadêmicos e o alarido dos religiosos ortodoxos das doutrinas da Terra, que inutilmente procuram nos campos do intelecto os frutos do Espírito. Os buscadores recolhem-se ao íntimo das almas, distanciando-se dos desejos carnais, dos melindres, do egoísmo e da louca competição humana. Ao contrário da busca que faz o homem comum, agitado à procura do reconhecimento, do poder e da vaidade ilusória das coisas mundanas, neles a busca leva, deliberadamente, a evitar o público e tudo aquilo que enche os olhos dos desejos inferiores da humanidade.

Então devemos permanecer ignorantes das enormes possibilidades das dimensões do Universo e de todo o potencial dos corpos sutis, como veículos da consciência? Por intermédio da Apometria, não se pode pesquisar a tríade superior?

Lamentável que um método de trabalho eminentemente técnico conduza a equívocos, o que ocorre quando se superestima a ênfase dada à Apometria como mero animismo. Infelizmente, a volubilidade das almas se acentua neste início de milênio. E pergunta-me os motivos de as estações interplanetárias extraterrestres, que os auxiliam no orbe, não fazerem contato?

Cegos guiando cegos! Enquanto não mudar a consciência coletiva, e a natureza dos homens continuar movida pelas paixões inferiores, pela promoção pessoal, pelo egoísmo e interesse de ganho do vil metal, a humanidade permanecerá ignorante das enormes possibilidades das dimensões ocultas do Cosmo, caindo em equívocos lamentáveis.

Salientamos que cabe somente à coletividade terrícola a aquisição do direito de acesso às verdades ocultas do Universo, quando acorrerão instrutores do "lado de cá" para os conduzir às experiências e aos conhecimentos. Atentem-se para o que ocorre na crosta planetária com as pessoas e as nações: o menos sábio dos sábios Espíritos que zelam nos tribunais cósmicos pela evolução do Universo os dirá que o entendimento das forças sutis da natureza está sendo usado preponderantemente para o mal. Sendo assim, ainda está longe o dia de os cidadãos verem todo o véu de Ísis cair.

Estando em nós as potencialidades divinas, não podemos percebê-las, entendendo-as pelo esforço pessoal, em grupo, a favor da ampliação dos conhecimentos nos trabalhos de caridade com a Apometria?

Sem dúvida. Isso se dá com o exercício da intuição, do amor e de todo sentimento positivo utilizado em prol do auxílio ao próximo, com altruísmo e sem interesses personalistas. Os poderes da Divindade fazem parte de vocês. Encontrando-se em estado germinal, aguardam a estação cósmica de direito para brotar, por meio das ações praticadas, adubo indispensável ao desenvolvimento da semente. Por enquanto, a condição de retidos no ciclo carnal os deixa num estado latente de intelecto egoísta, como a árvore destinada a florir na primavera, mas que no momento encontra-se embrionária na semente, pela aridez do terreno. Sendo assim, é impossível aos homens da Terra, presos em veículos inferiores de manifestação da consciência, descreverem pelo intelectualismo as dimensões superiores (causal, búdica e átmica).

O conceito de planos vibratórios, com subplanos a cada dimensão, como se fossem camadas de uma cebola, nos dificultam o entendimento. Isso contribui para nos confundir, principalmente em relação aos corpos mental superior e inferior. Afinal, quais são os planos, ou subplanos, em que o corpo mental inferior serve como veículo da consciência, e a partir de que extrato vibratório passa o corpo causal (mental superior), a servir como veículo da consciência?

Os ocultistas de todos os tempos ensinaram que o Universo (macrocosmo) é setenário, assim como o homem (microcosmo). Eis que o que está em cima é igual ao que está embaixo. Além de seus sentidos físicos, no plano material existem outras grandes camadas vibratórias cada vez mais sutis: são os planos etérico, astral, mental, búdico e átmico. Cada um é composto de sete níveis de densidade (ou subplanos), que nada mais são que diferentes estados de frequência da matéria que os compõe, mais ou menos densa.

No plano físico, existem duas grandes regiões: a densa, dita geralmente plano material, e a etérica, que ainda é "material", embora mais sutil que os gases. Tanto é físico o nível etérico que, com a morte do corpo denso, o duplo etérico também se desintegra, voltando suas energias ao repositório da natureza do planeta.

No plano físico denso, os "subplanos", níveis ou estados, são o sólido, o líquido e o gasoso. O corpo físico das criaturas é constituído por matéria de todos esses estados. No nível etérico, existem quatro tipos de éter, que compõem o duplo etérico dos seres (também denominados, em certas tradições, de éter químico, éter de vida, éter luminoso e éter refletor). Os três estados de matéria densa, mais os quatro etéricos, constituem os sete níveis do plano físico.

No plano astral, também há sete níveis de densidade, que constituem os subplanos desse mundo, e nos corpos astrais se encontra a matéria astral desses sete tipos, variando em proporção de acordo com a evolução.

Quanto ao mundo mental, ou plano mental, ocorre algo semelhante ao plano físico. Há também nele duas grandes regiões. A primeira, integrada pelos quatro primeiros níveis, mais densos, é chamada de nível concreto (é com essa substância que se constitui o corpo mental inferior ou concreto), que corresponde ao intelecto, parte racional do homem. Já a segunda região é composta pela substância dos três níveis (ou subplanos) superiores, ou nível mental abstrato (é com a substância desses três níveis que se constrói o corpo mental superior ou causal).

Muitas vezes, vocês confundem o corpo mental inferior, que opera nos quatro primeiros subplanos, com o corpo causal (mental superior), que só consegue se manifestar nos três últimos subplanos do plano mental. Os três subplanos superiores do plano mental (quinto, sexto e sétimo) não contêm energias que permitam a presença de quaisquer nódoas, excrescências, vórtices desequilibrados, enfim, imperfeições e defeitos. Estes ficam registrados e retidos apenas nos corpos do quaternário inferior (físico denso, etérico, astral, mental inferior). Muitos sensitivos têm confundido o corpo mental inferior com o superior, como se o óleo turvo se misturasse ao mar cristalino.

Certo é que a consciência divina que jaz em todos vocês, como um raio que cruza os céus nebulosos no plano físico, atravessa permanentemente todos os corpos sutis, até o momento em que se tornará um foco radiante de luz, uma parte individualizada unida ao Divino, oferecendo ao Espírito um fragmento da onipotência, onisciência e onipresença do Pai. Nascerá então, definitivamente, o ser supraconsciente, dando-se a iniciação verdadeira para auxiliá-lo na ininterrupta evolução do Cosmo.

Para facilitar o homem ocidental, menos afeito ao esoterismo e aos símbolos, ao contrário do oriental, esses conhecimentos sobre a constituição oculta do homem foram agrupados na literatura teosófica. Foi um trabalho hercúleo de compilação mediúnica, um grande tratado de epistemologia, validando esses ensinamentos comuns lavrados pelos iogues, magos, alquimistas, místicos, ocultistas e santos, em vários locais diferentes da Terra, ao longo dos tempos. Conduzido por Helena Blavatsky[9] e orientado pela Espiritualidade Superior, para somar-se à codificação espírita, esse trabalho oferece a vocês um caminho menos árduo para o estudo e entendimento das verdades ocultas.

---

9 Helena Petrovna Blavatsky foi o canal por meio do qual os mestres de sabedoria trouxeram para o Ocidente os milenares conhecimentos da sabedoria oculta que até então só faziam parte das escolas orientais, estruturando-os num movimento organizado – a teosofia (literalmente, "sabedoria divina"). Ela recebeu as instruções que compuseram a monumental obra *A doutrina secreta* (5 vols.) e *Ísis sem véu*, fundando em 1875, em Nova York, a Sociedade Teosófica (atualmente, com sede em Adyar, Índia, e seguidores em todos os continentes). C. W Leadbeater, Annie Besant e Arthur Powell são outros significativos autores da extensa literatura teosófica que se seguiu. A teosofia e o espiritismo foram dois movimentos paralelos e contemporâneos projetados pelos dirigentes planetários para impulsionar a evolução terrestre, recuperando para a consciência espiritual do Ocidente as grandes verdades milenares, até então privilégio de uns poucos estudiosos, embasadas nas grandes leis: da evolução, do carma e da reencarnação. O espiritismo as sintetizou e formatou uma doutrina acessível às grandes massas, o que era seu propósito. A teosofia aprofunda os conhecimentos sobre a constituição e origem do homem e do Universo, as hierarquias espirituais e demais fenômenos "ocultos", sendo eletiva das mentes estudiosas. A extensa literatura produzida pelas duas correntes se complementa mutuamente, desde que absorvida com critério e sem sectarismo.

Palavras do médium

Para melhor esclarecimento dos leitores, Ramatís sugeriu-nos que fosse feito um esquema[10] do plano mental, baseado nos autores da Teosofia, por sua vez consagrados e "autenticados" pelos santos e místicos do Oriente ao longo da história. Veja:

Nível mental superior
Atua o corpo mental superior (causal)
7° subplano
6° subplano
5° subplano

Nível mental inferior
Atua o corpo mental inferior (ovoide)
4° subplano
3° subplano
2° subplano
1° subplano

Tentaremos dar alguma ideia do lugar que a mente superior ocupa em nossa vida e do veículo por meio do qual opera.

O corpo mental inferior, no início de sua evolução, é incolor e sem expressão. Torna-se, após cada encarnação, cada vez mais um ovoide que se confunde com o nosso campo áurico. Conforme vamos evoluindo, ele vai adquirindo belas tonalidades amareladas.

Com as encarnações sucessivas, e o amor e o altruísmo já interiorizados, há um desenvolvimento paralelo ao corpo causal (mental superior), resultando no aparecimento de bandas de cores brilhantes que envolvem perifericamente o ovo áurico formador do corpo mental inferior. Daí a impressão de aumento geral de sua luminosidade.

Na dinâmica apométrica, quando o corpo mental inferior está atuando em subplanos vibratórios, próximos da esfera de atuação do

---

10 Com base nas referências citadas ao final do livro.

corpo mental superior, pode ser eventualmente confundido com este último. No entanto, de nenhuma maneira, é possível haver quaisquer imperfeições, defeitos ou maldades na matéria mental dos três primeiros subplanos do plano mental, todo formado de perfeição. Nele residem qualidades da alma que já inicia sua caminhada rumo à inexorável divindade que jaz dentro dela própria.

Pedimos maiores comentários sobre o conceito dos planos vibratórios, para melhor compreender as camadas dessa "cebola". Não seria mais fácil o entendimento de que tudo é "plano espiritual"?

Percebam que em seu meio o homem não sobrevive no hábitat do crustáceo, assim como a flor da cachoeira, natural da região Amazônica, não se encontra na Antártida. Contudo, todos são do plano físico. Assim, cada coisa tem a sua localização no Cosmo. Sua exigência de facilidade de entendimento, alegando que tudo é plano espiritual, é como se afirmássemos que todos os habitantes da Terra são iguais, não diferente daquele pai que afirma para o filho que os políticos são corruptos, as mulheres são mundanas, os religiosos são hipócritas, e os animais do orbe existem para saciar sua fome animalesca. Vigiem a preguiça de mudança de hábito que recrudesce com a acomodação mental.

Em se tratando de esferas vibracionais que se interpenetram, da mais sutil e rápida para a mais densa e lenta, torna-se difícil sua compreensão dos diferentes planos e subplanos em suas localizações espaciais, exigência de sua existência tridimensional. Por isso, a partir do plano mental superior, sua consciência, retida nas impressões de um Universo cartesiano, dificilmente concebe o relacionamento das diferentes dimensões. Impõe-se a libertação do ciclo carnal, qual urso que não mais hibernará nas cavernas escuras.

Na dinâmica da Apometria, a "interferência" dos encarnados no plano astral e nos quatro subplanos inferiores do mundo mental se dá por intermédio do corpo mental inferior. A partir e acima do quinto subplano deste mundo, os mentores e guias que não precisam mais reencarnar atuam em seus corpos mentais superiores. Rebaixam-se vibratoriamente até as alas dos hospitais e estações socorristas, apoiando-os nas emanações mentais, com corpos astrais e mentais inferiores desdobrados, penetrando as dimensões astral e mental para lhes dar cobertura nos trabalhos.

Afirmamos que muito raramente vocês atuam no plano astral superior ou "sobem" até ele por intermédio da Apometria, mesmo com os comandos e as contagens, em razão do impedimento vibratório natural ao encarnado (oscilações e ondas mentais baixas). Conseguem aumentar sua frequência mental apenas por poucos minutos, e isso os impede de incursionar no plano astral superior na dinâmica apométrica, o que requer concentração continuada, só obtida por uns poucos iogues na crosta planetária, ditos sábios e místicos. Para isso acontecer, ocasionalmente, é preciso estar desdobrado durante o sono físico e ser conduzido por um experiente Espírito do "lado de cá" que os projeta no plano astral superior ou no plano mental.

Os teosofistas afirmam que o corpo causal (mental superior) é o repositório das qualidades superiores adquiridas com as experiências pelas quais o Espírito (ego) passou nas sucessivas encarnações. As experiências negativas também não ficam "armazenadas" nessa camada vibratória que forma nossos corpos mentais superiores?

O corpo mental superior é a "camada" mais externa da tríade divina e a parte mais próxima dos veículos do eu inferior. Faz parte da individualidade espiritual imorredoura, liberta da ilusão das personalidades transitórias, manifestando-se através de atma-budhi-manas (*manas* – a mente, em sânscrito. Dessa mesma raiz resultou a palavra "man" [homem]. O homem real, em sua mente superior, é o verdadeiro pensador).

É da natureza que, quando desencarnem, apenas o corpo físico e o duplo etérico se desintegrem, tendo de ser refeitos em nova morfologia para outra personalidade instalar-se, processo "fabril" que se inicia no ato do conluio amoroso entre o par de progenitores, ocasionando a concepção de novo invólucro material. Acomoda-se nele a matriz magnética do corpo astral, que moldará a nova peça de vestuário para o teatro da vida.

Os corpos astral e mental inferior são perenes enquanto o ser não se libertar do ciclo carnal. Ao contrário da opinião de muitos espiritualistas, entre as encarnações e nos casos de transmigrações de um orbe para outro, o Espírito não se recolhe a um tipo de concha mental, desfazendo-se do quaternário inferior, que se formaria novamente na próxima reencarnação.

O corpo astral será abandonado, em definitivo, quando não se fizer necessária a vivência do ser no plano astral, por já ter adquirido outro patamar evolutivo. A esse acontecimento tem sido dado o nome de "segunda morte"! O ser passa, então, a situar-se no plano mental, com o veículo respectivo. Nesse estágio (e nos futuros), conserva ele o registro de memória de todas as suas vivências multimilenares. É seu direito ter então acesso a sua história sideral, às lembranças de todas as suas vidas, como alguém que consulta filmes colecionados desde seu nascimento.

Trata-se aqui de mero registro de memória, e não de conteúdos energéticos desequilibrados do passado, que estejam contidos nos veículos superiores. Ao rever o filme da época infantil em que caiu no barro, ninguém vai ficar enlameado, e tampouco vai-se supor que a pessoa conserve uma poça de lama em casa, dentro do filme.

As imperfeições e experiências traumáticas, localizadas na matéria que forma os corpos mental inferior e astral do recém-desencarnado comum, ali permanecem, pois foram produção sua ao "pensar" e "sentir" desequilibradamente. Podem ser acolhidas na matéria desses corpos porque ela ainda responde a tais frequências vibratórias, o que não se dá com a matéria do mental superior, que não responde absolutamente a tal espectro de frequência. Tais "imperfeições" aglutinam-se novamente nos veículos inferiores no momento da materialização destes para cada nova encarnação. Portanto, o Espírito imortal não fica anestesiado numa concha mental, aguardando centenas de anos até reencarnar.

É certo que cada caso é um caso, e, obviamente, existem consciências perturbadas que se aprisionam em suas próprias emanações mentais desequilibradas. Desequilíbrios, traumas, excrescências, nódoas, vórtices, pulsões, sejam quais forem os nomes atribuídos, por questões vibratórias, ficam arquivados no corpo mental inferior, pulsantes e ativos até que sejam reparados pelas experiências e ações em nova encarnação, repercutindo naturalmente no corpo astral. O que se dá durante a vivência no plano astral é que podem ser minimizados pelas ações de caridade e pelo amor praticado antes de uma nova encarnação. Daí a confusão de alguns espíritas nas lides da Apometria quanto ao corpo mental superior, habituados que estão apenas a leituras superficiais da teosofia e das filosofias orientalistas, quando não totalmente ausentes delas.

Sendo fácil considerar que "tudo é perispírito", quando se deparam com a exigência de conhecimento dos diversos corpos espirituais, concluem, equivocadamente, que se arquiva todo o manancial de experiências do Espírito nesse "único" veículo. A verdade cósmica, porém, diz que os corpos inferiores (com exceção do físico) não se desfazem após a morte. O Espírito continua com todos os veículos de manifestação da consciência enquanto aguarda nova encarnação no plano astral, preparando-se para tal. São normais os estudos e as tarefas entre os desencarnados, mesmo em seres libertos do ciclo carnal.

Estudem os corpos espirituais, como veículos da consciência, e todos os conhecimentos esotéricos e ocultistas, que exigem um apurado senso de discernimento, complementando-os pelos "novos" conhecimentos que chegam. As novidades transmitidas pelos diversos canais da mediunidade para os instrumentar melhor ao exercício da caridade não devem contrariar o elementar estabelecido. Ao contrário, no caso da Apometria, confirmam, ampliando os conceitos aceitos no espiritismo e na Umbanda.

Percebemos uma ansiedade por coisas novas em alguns setores de trabalho espiritual. Parece-nos que a aquisição do conhecimento leva a insatisfações constantes. Essa procura de novidades não propicia a instalação de equívocos e interpretações personalistas das filosofias milenares?

Se deixarem-se influenciar pelas coisas exteriores é porque não têm convicção em seu interior. Os ocultistas, esotéricos e místicos, ao longo dos tempos, sempre deram valor ao conhecimento, mas com discernimento na sua aplicação para não causar fenômenos dispensáveis ou enfatizá-los em demasia. Quase toda a aquisição pelo intelecto se torna relativa e limitada. O verdadeiro espiritualista comprometido com o altruísmo não realça o excesso de técnica, detalhamentos que só sobrecarregam a mente inferior e não têm nenhuma utilidade, como se fosse sobrecarga de espuma num recipiente de essência odorífica que impede de espraiar-se o aroma do líquido precioso.

Apesar da multiplicidade dos planos vibratórios do Universo e dos veículos de que a consciência se utiliza para percebê-los e neles propiciar a manifestação do Espírito, tenham a certeza de que a consciência que opera é uma só, uma chispa holográfica da Consciência Divina em busca de sua individuação. A estrutura setenária dos corpos sutis do homem serve como instrumento didático para que entendam a complexa cadeia universal, mas em nenhuma hipótese isso deve dar a falsa impressão de que existem diferentes personalidades ou níveis de consciência, como se fossem entidades distintas e rebeladas dentro de vocês ou de um consulente. A consciência que opera por intermédio de um conjunto de veículos para evoluir é indivisível.

É certo que diferentes aspectos seus podem se fazer sentir ou expressar, de acordo com a natureza do veículo pelo qual ela está se expressando, enquanto não terminar a sua unificação cósmica, o seu retorno ao Pai como individualidade livre das personalidades transitórias.

Quando um veículo transitório se torna foco da consciência, só pode expressar fragmentos dessa mesma consciência. Estão condicionados à natureza do plano físico, do intelecto e dos corpos inferiores, que travam a expansão de suas percepções supraconscientes em toda a sua potencialidade. É certo que existe uma minoria de místicos e iogues orientais que, após anos de preparação, de intenso treinamento, consegue ter consciência dos planos superiores em que a individualidade imortal se expressa. No entanto, isso passa longe da dinâmica apométrica, que opera no plano astral inferior e atua até o limite do corpo mental inferior, onde há a necessidade de intervenção e socorro, pela atual condição da consciência coletiva terrena.

A verdade está acima das opiniões e dos pontos de vista particulares, das doutrinas, técnicas e religiões da Terra.

Não seria mais fácil um único veículo de evolução da consciência? Por que essa constituição setenária do homem e dos planos do Universo?

Os planos vibratórios do Universo e os veículos da consciência, que permitem ao Espírito evoluir gradativamente em todos esses planos, do mais denso ao mais rarefeito, existem para que a vida se expresse em sua mais completa potencialidade divina. É como se fosse a organização divina do Cosmo.

As formas nos sete grandes planos vibracionais permitem ao Espírito, por meio dos estímulos recebidos em cada um deles, esgotar gradualmente todas as potencialidades que lhe são inerentes e não manifestas. As formas nascem e morrem, desaparecendo, mas o Espírito imortal permanece, aperfeiçoa-se e cresce cada vez mais, *ad infinitum*.

Mesmo aqueles que se iludem, entendendo que são constituídos de um único veículo perispiritual, têm uma estrutura setenária. Verifiquem que o plano físico, o mais denso, e os seus envoltórios correspondentes, que abrigam a consciência, apresentam sete camadas vibratórias (corpo físico: sólido, líquido gasoso; e duplo etérico: éteres I, II, III e IV).

A observação e as experiências ocultistas forneceram vários conhecimentos ao longo dos tempos, levando-os a concluir que o número sete é cabalístico. Isso não tem comprovação nos métodos cartesianos da ciência, uma vez que são referendados pelas vivências místicas internas dos sábios. Essas conclusões corroboram que aquilo que está em cima é igual ao que está embaixo, valendo quanto à constituição do setenário do homem, assim como do Universo. Sete são as cores refratadas pelo prisma, sete são os Orixás, sete são os chacras, sete os plexos nervosos, sete os dias da semana, sete os arcanjos no trono do Criador, sete os princípios da moral pitagórica e sete os princípios da ioga, entre tantas outras constatações setenárias que poderíamos relacionar. Refletem o fato de terem sete corpos ou envoltórios do Espírito, de acordo com os sete planos vibratórios do Universo.

Qual o tipo de encarnado que utiliza com mais regularidade o corpo mental superior?

Tudo obedece a uma gradação cósmica, que é toda harmonia. O estágio humano do Espírito, de encarnações sucessivas, impõe inicialmente experiências selváticas. Pouco a pouco, o homem vai se civilizando, adquirindo vivências múltiplas que vão sendo arquivadas no inconsciente.

Conforme as encarnações ocorrem, os pensamentos e desejos, os sentimentos e as emoções vão sendo buriladas até que o corpo astral e a mente concreta se desenvolvem. A maioria da coletividade humana tem seu corpo astral plenamente formado, mas os desejos inferiores levam quase todos, inexoravelmente, a uma viciação mental-emocional que bloqueia as atividades do corpo mental superior e o desenvolvimento abstrato e altruísta da mente.

Os cientistas da Terra, assim como religiosos, pesquisadores, filósofos, benzedeiras, curadores e médiuns, entre outros que já interiorizaram os sentimentos superiores e o amor, sem propósito de ganho e promoção pessoal, compõem uma parcela diminuta que almeja o bem e a evolução da humanidade, apresentando atuação considerável no corpo mental superior como veículo da consciência. Esses seres são trazidos, durante o sono, ao plano mental superior para que possam receber instruções, pois apresentam o envoltório da mônada desenvolvido o suficiente para serem intuídos e inspirados por intermédio do corpo mental superior.

Solicitamos maiores elucidações quanto ao eu inferior e superior. O "eu" não é um só? Por que essa divisão classificatória?

Essa divisão é de efeito didático, para facilitar a compreensão da constituição setenária humana. Nas vidas sucessivas, as personalidades se manifestam por meio do eu inferior, ou melhor, dos corpos físico, astral e mental inferior. O duplo etérico, na verdade, é um veículo físico que não é foco da consciência, e sim um meio de ligação desta, entre os corpos astral e físico.

Operando por intermédio dos corpos transitórios que compõem o eu inferior, a consciência se identifica com a personalidade animada em determinada encarnação, acabando por "dissociar-se" da individualidade divina pela ilusão de considerar-se eterna e independente. Assim se movimenta no plano físico durante um número limitado de anos, voltando ao Além presa às experiências terrestres recentes. Novamente retorna ao palco da vida material, ocultando-se atrás da máscara de outra personagem. Sucede-se este ir e vir, caracterizando o ciclo carnal animado pelo eu inferior, ilusório, mas de acordo com a transitoriedade dessa etapa existencial do Espírito.

Conforme as experiências, ao passar dos milênios, o inconsciente[11] se dilata. Cada vez mais, a "pressão" pelos constantes atritos do carma leva a consciência a perceber vagarosamente sua verdadeira designação e destino, despertando aos poucos os atributos do eu superior que se manifesta na tríade divina. Então, o homem, animado por uma personalidade, começa a ter lapsos de consciência do eu superior, percebendo sua natureza imortal, sua potencialidade divina, que é algo mais do que uma personagem finita animada em poucas décadas. Cada vez em graus mais crescentes começa a despertar a individualidade que o influenciará doravante, iniciando seu grito de alforria do jugo carnal, denotando a subjugação do eu inferior pelo eu superior, tão propalada pelos ocultistas e esotéricos em todos os tempos.

---

11 Inconsciente é o nome que damos à porção de nossa memória multimilenar que guarda os registros do passado, desta e de outras vidas. Fica "bloqueado" temporariamente, em sua maioria, para que possamos suportar as vivências do hoje sem nos desequilibrar com a carga de lembranças. A evolução vai dilatando a consciência e permitindo-lhe ter acesso cada vez maior a esse território interior, até o momento em que o "presente" e o "passado" se emendam, e o espírito então é senhor de todo seu mundo interno: tudo passa a ser consciente, na claridade de sua memória sideral completa.

14
Os Espíritos da natureza

Ramatís responde

Qual a finalidade da existência dos Espíritos da natureza? Eles são imprescindíveis?

Imprescindível na evolução somente o amor, que leva ao Pai. Claro que na atual condição evolutiva do orbe, é indispensável a atuação dos Espíritos que estagiam evolutivamente na contraparte etérica e astral das energias ligadas à natureza, para o equilíbrio do planeta.

Não esgotaremos o assunto, por demais amplo. Esperamos que a visão espiritual dos irmãos que simpatizam com nossos escritos seja estimulada a maiores estudos e reflexões à luz da razão e do bom senso. É inevitável que os médiuns que trabalham com Espíritos que se apresentam nas formas astrais de Caboclos e Pretos Velhos acabem tendo contato com os Espíritos da natureza, que não devem ser confundidos com formas de pensamento elementares e energias elementais, diferenças descritas pormenorizadamente em outra obra.

Poderia formular maiores comentários sobre a evolução "paralela" do reino dos devas, como preconizam alguns espiritualistas referindo-se ao plano ascensional dos Espíritos da natureza?

Muitos espiritualistas traçam dois caminhos evolutivos até as dimensões superiores: a dos Espíritos da natureza e a dos Espíritos humanos. Encarem isso como simples recurso didático, posto que o caminho ascensional ao Divino é um só e não existem privilégios no Cosmo.

Sendo os Espíritos da natureza ainda "almas-grupo", todos terão a inexorável individualização. Logo, como conceber que para algumas mônadas espirituais seja oferecida a "doce" vida nos reinos elementais que cercam a natureza planetária e para outros o amargo estágio no ciclo carnal humano? Por que um número expressivo seria "premiado" com a suavidade campestre, de um "eterno" e leve arrebatamento amoroso próprio do equilíbrio que rege a natureza, um quase idílio permanente, enquanto para muitos seria dada uma intensa relação de causa e efeito pelo exercício do livre-arbítrio, caracterizando um "interminável" presídio cármico, de esforço retificativo e trabalho árduo para a libertação do ciclo das encarnações sucessivas? A balança assim colocada, onde estariam os critérios de equanimidade do Divino, oriundos de justiça e amor para com todas as Suas criações, pelo estabelecimento de condições desiguais, que a uns premia e a outros pune?

A separação existente é transitória, e não entraremos em celeumas e discussões estéreis. Na verdade, não existe uma evolução paralela. Muitos dos Espíritos que estão se individualizando para uma primeira encarnação humana, que anteriormente foram insetos, peixes, pássaros etc., estagiam como Espíritos da natureza antes desse importante marco evolutivo. Outros seguirão evoluindo mais próximos dos humanos, encarnando em animais domesticados: cavalos, cães e gatos. Será mero acaso a simpatia dos homens por eles e a adaptação desses animais no seio das suas famílias? Ambos os trajetos servem como ponte no processo de individualização das almas-grupo, fartamente ilustrado na literatura espiritualista disponível, à qual remetemos o leitor atento.

O contato dos Espíritos da natureza, no plano astral, com entidades ditas Caboclos, Pretos Velhos e outras, e a proximidade com os médiuns destes na Apometria e na Umbanda, fundamentados em princípios de amor e altruísmo, beneficia esses irmãos para que adquiram os primeiros lapsos de consciência humana.

Assim, a matéria do corpo mental inferior dos Espíritos da natureza é provocada a reagir, e o respectivo corpo astral a se adaptar a sentimentos (nesse caso, positivos), propiciando a formação dos corpos sutis, a contento, para a futura e decisiva primeira encarnação humana, que exigirá uma estrutura setenária, ao contrário do que eles apresentam quando estão estagiando nos reinos da natureza.

Imaginem a fina tessitura de uma embalagem sem nada dentro: assim é o corpo mental inferior desses Espíritos e dos animais domésticos, em que atuam só os corpos físico, etérico e astral. Importa deixar claro que na Umbanda não se invocam tais irmãos, ao contrário da dinâmica apométrica, pois eles não existem para ser serviçais dos homens e devem ser liberados rapidamente após os trabalhos. Notadamente, as salamandras são bastante solicitadas nos trabalhos de Apometria para os desmanchos e a limpeza dos ambientes de trabalho.

Quais as características dos Espíritos da natureza? Todos eles encarnarão em corpos humanos?

São ainda almas-grupo. Quando nos referimos a corpos humanos, que fique entendido "humanizados", similares aos da Terra, encarnação que pode ocorrer em qualquer planeta do infinito Universo. Como se trata da primeira encarnação num corpo físico com estrutura setenária – o que não quer dizer que todos os corpos estejam energeticamente ativos –, nascerão entre selvagens. Estando em nível primário de evolução mental, instintivamente tendem à violência quando expostos ao meio desconhecido.

Assim, afirmamos que, em determinado momento evolutivo, todos os Espíritos da natureza encarnarão seguindo o ciclo carnal hominídeo. Como nos faltam palavras compatíveis no vocabulário terreno para nos fazer entender sobre as formas similares de vida em outros planetas, nossa última afirmativa é válida para qualquer planeta atrasado e denso, um tanto mais que a Terra. Podem verificar que são almas infantis, com a simplicidade que caracteriza os habitantes tribais mais antigos, "selvagens" na concepção do homem moderno.

Remetemos os leitores sequiosos de conhecimento às obras sobre os Espíritos da natureza, para maiores elucidações. Contudo, realçamos que estão sempre presentes em todas as atividades da natureza, além do plano físico. São veículos da vontade criadora provinda de Deus, o Incriado, potencializando as energias e os processos naturais da vida manifestada nas diversas formas do planeta Terra (mineral, vegetal e animal), tendo contrapartida nos subplanos etéricos e astrais.

O que interessa a vocês, fundamentalmente, na Apometria, é que possuem um metabolismo intraluminoso de grande velocidade; são transmissores de energias espiritualizantes para as substâncias dos planos inferiores da natureza, no campo físico, e formadores das grandes correntes de energia reduzida, que utilizam com facilidade.

Assim, podemos compreender que ao invocá-los, associando-os aos cânticos dos Orixás e à criação de campos de forças, são compactadas ou condensadas potentes energias cósmicas pela atuação desses irmãos espirituais, propiciando que os trabalhos apométricos, na verdade de alta magia, sejam mais efetivos.

Eles são simples e assimilam os pensamentos e as ideias dos homens, executando-as como se fossem deles. Não têm discernimento para distinguir o bem do mal e o que é livre-arbítrio, por isso é de suma importância que sejam invocados com os cânticos e as vibrações de Iori. As entidades que se apresentam na vibração desse Orixá da Umbanda atuam na forma de crianças, porque são puras e não têm maldade nenhuma. Ao término dos trabalhos, são imediatamente liberadas da sintonia com o grupo e o dirigente.

É importante proceder-se aos comandos verbais, acompanhados de contagens pausadas associadas a leve estalar de dedos, junto com os pontos cantados de Iori, para completa liberação da sintonia com os homens. Do contrário, esses irmãozinhos se vinculam aos médiuns e os acompanham no dia a dia, não retornando para os seus sítios vibratórios naturais. Isso faz muito mal a eles, porque não conseguem conviver harmoniosamente com as maldades e contrariedades diárias do ser humano.

Solicitamos que nos descreva sucintamente os locais habitados pelos Espíritos da natureza.

Habitam a superfície da Terra, a atmosfera, as águas, as profundidades da subcrosta e os elementos ígneos invisíveis a vocês. Eles fazem incansável trabalho, junto aos minerais, aos vegetais e demais sítios vibracionais da natureza, para o bem-estar dos animais, dos homens e de toda a vida do orbe terrestre. Assim sendo, os Espíritos da natureza formam agrupamentos inumeráveis compreendendo seres de vida própria, porém essencialmente instintiva. Estão classificados como gnomos e duendes (da terra), silfos e sílfides (do ar), ondinas e sereias (das águas) e salamandras (do fogo), entre outras denominações; e todos eles, de alguma forma, atuam em trabalhos mediúnicos e de magia, seja na Umbanda ou na Apometria.

Observações do médium

Às vezes, temos a impressão de interferir demais nos escritos dos amigos espirituais. Todavia, eles nos estimulam a compartilhar experiências e estudos, alertando-nos que essas vivências acontecem potencializadas por eles do "lado de lá" – o que nos leva a manter a humildade –, e que não devemos ter acanhamentos, que são totalmente dispensáveis. Somos alertados de que isso é função do médium consciente. Mesmo agora, que estamos escrevendo por nós mesmos, não deixamos de estar acompanhados e envolvidos pela mediunidade.

Essas situações se repetem naturalmente quando psicografamos, sempre acompanhadas de um tipo de estática no alto da cabeça, bem no chacra coronário, e um suave magnetismo, único e peculiar ao Espírito Ramatís. Obviamente, cada entidade que percebemos tem um toque magnético próprio e um chacra que fica mais vibrado. Por exemplo, Vovó Maria Conga atua intensamente no frontal, que fica quente, e no umeral, na altura das costas, quando sentimos uma "brisa" aconchegante e fresca. Quando trabalhamos com essa Preta Velha amorosa nas consultas, ficamos com a clarividência ampliada por sua influência, ou seja, a percepção é do guia espiritual, nós somos um mero receptor imperfeito. Quanto ao Caboclo Pery, ele sintoniza inicialmente pelo cardíaco, depois, instala-se um leve entorpecimento nas mãos e pernas, que ficam agradavelmente envolvidas pelos jatos fluídicos que essa entidade lança. Já os amigos Exus são mais "viscerais", pois requerem grande quantidade de fluido humano nas suas tarefas: pegam firme no chacra gástrico, o coração dispara abruptamente e, muitas vezes, suas manifestações vêm em catarses que liberam enorme *quantum* de ectoplasma.

Seremos eternamente agradecidos à oportunidade de labutar na amada Umbanda e ter disciplinado a mediunidade de acordo com seus usos e costumes. Há alguns anos, fomos orientados por Ramatís:

"Lá onde reluta ir, na Umbanda, é o seu lugar. Preocupa-se demasiadamente com a opinião alheia. Assim não conseguirá a paz interior nesta vida. Não subestime a índole espiritual que o move e os compromissos anteriormente assumidos. Não pese tanto o fato da sensibilização que recebeu no corpo astral pelos técnicos do Espaço para ser 'cavalo' de terreiro, nem os dez anos de estágio na egrégora umbandista em vários templos da crosta, antes de 'nascer' no atual corpo físico. O que importa é o fato de que, sem o auxílio dos espíritos do 'lado de cá', ligados à Umbanda, não será instrumento mediúnico, na Terra, de conformidade com as suas obrigações cármicas, prontamente aceitas antes de reencarnar. Ao estar unido a eles, lhe oferecerão enorme cobertura espiritual e merecido benefício na atual encarnação: equilíbrio mental e saúde corpórea. Será envolvido costumeiramente nas sutis vibrações dos benfeitores do Além, e, por ser o canal conduzido pelos labirintos tortuosos da mediunidade a favor do próximo, o auxiliarão no expurgo das nódoas do seu passado pelas boas obras praticadas em comum no presente. Lembra, nunca esqueça, que para cada novo esforço empreendido em prol do amor e do bem no amparo aos semelhantes virão a teu encontro amigos espirituais, mobilizando forças para superar as dificuldades impostas pelos contrariados com a semeadura do Cristo. Marcha desembaraçado rumo à redenção de sua alma. Não fraqueje diante dos obstáculos e preconceitos. Prossegue como o alpinista nas escarpas montanhosas. Vai, fortalece-se e cresce evolutivamente na divina luz."

Voltando ao assunto do capítulo, por mais de uma vez, tivemos oportunidade de enxergar os Espíritos da natureza ligados ao elemento terra no terreiro de Umbanda, embora existam autores afirmando que na Umbanda não se trabalha com eles. O Caboclo Pery (antigo xamã ameríndio) trabalha nas consultas, na sessão de caridade, com um séquito de duendes e silfos, que vão buscar as essências de ervas nas florestas do Astral e no éter específico de matas da crosta. Podemos afirmar que eles se agrupam em numerosas classes: os da floresta, das grutas, da subcrosta, dos areais, dos desertos, das planícies, das regiões geladas etc., cada espécie desempenhando determinado trabalho, sob a supervisão de Espíritos superiores. Esses trabalhos vão desde a proteção de animais até a produção de determinados fenômenos naturais, ou, como estamos comentando, no auxílio às entidades que estão atuando na cura nas sessões de caridade da Umbanda e da Apometria.

Não raras oportunidades, tivemos de examinar esses seres diretamente, em sessões de Umbanda ou Apometria bem-organizadas e dirigidas por pessoas competentes. Recentemente, antes de um consulente entrar, em dia de Pretos Velhos no terreiro, Vovó Maria Conga começou a bater palmas e vieram muitos duendes trazendo umas cascas de árvore amarelas, misturadas com um tipo de musgo esverdeado, recolhido no subsolo de uma floresta. Quando o consulente se sentou à sua frente, estava com um princípio de broncoespasmo, muito forte. Oportunamente confessou que tinha câncer nos dois pulmões e que se sentiu muito melhor após os passes recebidos na consulta. Interessante que não sabíamos de nada disso. Vovó Maria Conga mandava o atendido aspirar profundamente, e por suas narinas entrou aquela "montanha" de cascas amareladas impregnadas de um musgo verde luminescente.

Há de se comentar que esses seres, por não ter discernimento – como dito por Ramatís –, podem tornar-se perigosos se vinculados aos instintos e às sensações imorais e inferiores dos homens. Os gnomos, por exemplo, são figuras feias, pequenas, cobertas de pelos, com formas grosseiras, e quase sempre deixam no ambiente de trabalho cheiros fortes de mato e de terra molhada. São exímios e operosos trabalhadores sob o comando dos Pretos Velhos, auxiliando a transmutação dos miasmas e morbos psíquicos, enfim, restos dos trabalhos, que, sob a assistência desses irmãos menores, voltam e se desintegram no magnetismo telúrico da crosta terrestre.

Podem ocorrer vários fenômenos visuais para quem tem a faculdade de clarividência: enxergar uma forma astral, que pode ser uma simples criação mental de Espíritos, encarnados ou desencarnados, ou dos mentores que se utilizam de ideoplastia para transmissão de ideias próprias; ver formas criadas, alegorias representando desejos ou paixões humanas, o que é muito comum; mais raro, mas não incomum, visualizar os Espíritos da natureza. Para saber interpretar toda a diversidade de informações do mundo espiritual, é indispensável o estudo contínuo concomitante às tarefas mediúnicas e, acima de tudo, amor e vontade de servir sem dogmas e preconceitos. O que importa, por demais, é o serviço prestado na caridade.

15
Microprocessadores astral-etéricos

Ramatís responde

Onde se localizam esses aparelhos etéricos chamados na Apometria de microprocessadores? Teriam a função de ficar "gotejando" em doses continuadas o princípio ativo de que são portadores?

Os aparelhos etéricos, conhecidos como microprocessadores, servem como meio de alojamento individualizado de princípios ativos homeopáticos, fitoterápicos e florais, liberando-os gradativamente nas dosagens necessárias ao bem-estar do consulente por um determinado tempo. São, via de regra, implantados no duplo etérico, na contraparte correspondente aos nervos e gânglios nervosos que têm a função de conectar o sistema nervoso central às várias partes do sistema nervoso periférico. Os diversos tipos de nervos cranianos (espinais ou raquidiano) receptores bioeletromagnéticos e os respectivos gânglios, na raiz dorsal de cada nervo espinal, ramificando-se perto da medula, são os fixadores preferenciais para esses implantes curativos. Dessa forma, dirigem-se e espraiam-se nos órgãos etéricos do corpo físico que se encontram adoentados, advindo um auxílio importante na busca da cura pelo atendido. Em nenhuma hipótese esses procedimentos devem concorrer com a tradicional medicina terrena.

Os microprocessadores têm outras finalidades?
Regularizar os descompassos neuroquímicos ocasionados por deficiências hormonais que impactam a rede elétrica (sinapses) do sistema nervoso central. Claro que esses recursos proporcionados pela força mental dos operadores apométricos, associados com os técnicos astrais, por si tornam-se inócuos quando desconectados da mudança comportamental do assistido, alicerçada em valores crísticos, tão pouco interiorizados pelos cidadãos. Não devem realçar o tecnicismo em detrimento dos alicerces perenes que conduzem o Espírito a se reformar, em favor de seu próprio equilíbrio psicobiofísico-espiritual.

Se os microprocessadores são aplicados pelos técnicos do plano astral nos duplos etéricos dos atendidos, não bastaria eles diagnosticarem e decidirem? Por que a necessidade de participação dos encarnados do grupo de Apometria?
A razão é o rebaixamento vibracional. As emanações mentais dos sensitivos são como condensadores energéticos, à feição de um transformador, em razão das baixas frequências das ondas mentais emitidas pelo Espírito acrisolado no meio denso. Impõe-se a doação de ectoplasma para plasmar o aparelho microprocessador, necessário como elo entre o plano astral e o éter orgânico do consulente.

Digamos que os encarnados são dispensáveis. Os implantes podem ser feitos à noite, durante o sono físico dos consulentes, ocasiões em que utilizamos os enxertos ectoplásmicos sem a exigência da presença física dos médiuns. Contudo, podem facilitar sobremaneira os esforços dos técnicos do "lado de cá", por intermédio da dinâmica apométrica, mesmo em sua condição natural desconcentrada.

Quem decide quais os princípios eterizados a ser acondicionados nesses aparelhinhos "gotejadores"? Os sensitivos ou os técnicos do Astral?

Se houver um médico no grupo terreno, seu conhecimento fármaco-químico será de grande valia nos atendimentos. Mesmo assim, o trabalho é em conjunto com os benfeitores espirituais, que intuem, quando não orientam, por meio da psicofonia, os procedimentos adequados para a mentalização dos princípios eterizados necessários.

Esses aparelhos são aplicados pelas contagens pausadas e leve estalar de dedos, pontos sonoros de apoio para que os médiuns se concentrem. Os grupos moralizados têm cobertura do plano espiritual superior. Assim como o cavalo de Umbanda pode se equivocar nas ervas a ser maceradas e no traçar o riscado da pemba, os apômetras também, eventualmente, se enganam na técnica a ser adotada e nos princípios ativos eterizados a ser invocados para ser condensados nos microprocessadores. Acontece em ambos os casos, quando se trata de grupos moralizados, a cobertura do plano espiritual Superior. Tudo transcorre no sentido de preservar-se o equilíbrio vibratório dos atendidos. Fica o compromisso, para vocês, de constante estudo para a sua melhoria contínua, enquanto forem canal receptivo do "lado de cá".

Nota do médico e apômetra José Augusto Arnt

Com a Apometria, foi possível utilizar novas e eficientes técnicas e procedimentos na terapêutica espiritual.

Em grego, *dietetes* significa "organizar". Por isso, os aparelhos conhecidos como dietetes são também chamados de micro-organizadores. Na prática, são pequenos equipamentos astrais e/ou etéricos, criados nos planos superiores como auxiliares de cura. Geralmente são plasmados na região da nuca do corpo espiritual dos pacientes, com a colaboração dos médiuns, por meio da exteriorização do comando mental, numa ação conjunta com os técnicos/orientadores espirituais – verdadeiros responsáveis por esses trabalhos. Apresentam-se aos videntes com formas e cores variadas, dependendo de sua função. Liberam, de acordo com a necessidade, fluxos eletromagnéticos, medicações homeopáticas, essências florais, hormônios, medicamentos fitoterápicos etc.

Os Espíritos da natureza auxiliam nessa tarefa. São eles que recolhem tais substâncias do infinito manancial energético do planeta. O médium colabora, com a contagem rítmica, projetando energia para que o aparelho seja colocado nos corpos sutis do paciente, plasmando-os subjacentes à superfície astral-etérica.

O medicamento aplicado é liberado vagarosamente pelo micro-organizador, em pequenas doses, aos moldes das medicações homeopáticas e essências florais. Eles podem ainda servir como repositores hormonais e intercessores na rede sináptica, equilibrando descompassos do sistema nervoso. As essências florais, homeopáticas, fitoterápicas etc. poderiam, eventualmente, ser aplicadas sem esses aparelhos, mas, através deles, ficam atuando e sendo liberadas por muito mais tempo.

O leitor menos afeito às terapêuticas apométricas pode se perguntar: qual a necessidade de um médium para a colocação das essências ou mesmo dos aparelhos, se estes são colocados no astral e/ou no etérico? A resposta é simples! A atuação do médium é necessária como um fator de auxílio ao mundo espiritual por duas razões bem distintas:

1. As ondas mentais que o médium emite por meio de sua vontade funcionam como uma espécie de condensador energético, ou transformador bioplasmático da vontade dos Espíritos mentores dos atendimentos. Atuando ativamente pela vontade, o médium realmente cria, isto é, plasma no plano astral e/ou no plano etérico esses aparelhos, aumentando a sua participação no processo de atendimento e facilitando, e muito, o trabalho dos responsáveis técnicos do Astral.

2. O fornecimento de ectoplasma, matéria produzida somente pelo corpo físico e liberada pelo corpo etérico, é indispensável para que se plasmem, ou melhor, se criem os microprocessadores entre os subplanos vibratórios que tangenciam o plano astral e o plano etérico. Sem a presença de ectoplasma, fica completamente impossibilitada a colocação dos micro-organizadores.

Esses procedimentos são utilizados rotineiramente em nossos atendimentos e de muitos outros grupos de Apometria.

Geralmente, em nossos trabalhos, os micro-organizadores são aplicados nas vibrações dos Orixás: Iorimá (Pretos Velhos), Oxóssi (Caboclos) e do agrupamento do Oriente (hindus, persas, tibetanos, chineses, e outras formas espirituais).

Parte 3
Demais relatos de casos

16
Relato de caso 7

Consulente: FSD, 21 anos,
sexo feminino, solteira, evangélica

História clínica

Foi diagnosticado na consulente câncer nos dois pulmões há dois anos. Desenganada pelos médicos, que lhe deram no máximo dois anos de sobrevida, FDS resolveu parar a radioterapia e desistiu de todo tratamento medicamentoso. Verificou-se que ela está psicologicamente muito abatida, desanimada e com depressão severa. Não tem expressão facial, como se não tivesse sentimentos. Tem um filho de três anos de um antigo namorado. Desde a consulta que a indicou para o atendimento no núcleo de Apometria, parou de escarrar sangue e está conseguindo dormir melhor, mas persiste a fraqueza generalizada.

Atendimento, técnicas e procedimentos

Desdobrada a consulente, um dos médiuns sintonizou com uma ressonância de vida passada em que FSD encontrava-se desfalecida, encostada numa árvore, com uma lança cravada no peito, do lado esquerdo. Nessa catarse, são descritas as agruras de seu Espírito, que ficou retido no corpo inanimado em putrefação, num local gélido, próximo a uma floresta.

Após uma primeira despolarização do estímulo de memória, percebendo que o sensitivo continuava envolvido com essa vivência traumática, o dirigente do trabalho procedeu a pausada contagem pedindo descrição detalhada do cenário, como se voltasse um filme para trás. Assim, FSD foi localizada numa pequena clareira na floresta onde existia um templo *wicca* que realizava rituais de bruxaria, incluindo adoração da Lua como aspecto feminino da deidade e do seu consorte, um "deus" de chifres, que simbolizava a masculinidade, a energia do sêmen e do Sol.

Nesse cenário, a atendida encontrava-se com vestes escuras, no meio de um círculo com pentagrama dentro, à frente de um grande altar de mármore negro com velas pretas acesas, cabelos soltos, olhando fixamente para a Lua cheia. Ao seu lado, a oferenda: um bonito jovem com um ornamento na cabeça em formato de chifres, coberto com uma pele de alce, que deveria ser sacrificado após o intercurso e êxtase sexual. Ao redor do círculo mágico, encontravam-se homens e mulheres em idênticas indumentárias, sendo que FSD era a sacerdotisa, o que lhe dava o direito de possuir o angelical adolescente que se encontrava como que hipnotizado por ervas mágicas nesse ritual pagão de bruxaria, que acabava em orgia coletiva.

No ápice do cerimonial, ocorreu uma invasão de cavaleiros das Cruzadas medievais que apoiavam a Inquisição, e todos foram mortos violentamente, à exceção do jovem, que foi resgatado. A consulente foi deixada nua com uma lança cravada no peito, perto de uma grande árvore.

Então, foi realizada nova despolarização de memória com o auxílio dos cânticos de Oxóssi, após o que se detectou mais uma ressonância, em que FSD estava sendo autopsiada viva, deitada em uma maca hospitalar. Espíritos sofredores ligados pelo mesmo motivo da autópsia foram socorridos e encaminhados ao Hospital do Grande Coração.

Despolarizações realizadas, foram desfeitas as iniciações do passado com a manifestação dos Exus que dão apoio ao grupo.

Por último, apresentou-se um mago negro dizendo que era o responsável pela consulente, que ela era malévola e terrivelmente implacável na bruxaria e que ninguém conseguiria tirá-la de suas mãos. Agora que a localizara disfarçada naquele corpo a faria voltar e ser aprisionada por ele. Durante tal manifestação, os mentores no Astral envolveram-no em um cilindro, onde todo o seu poder, fixado em amuletos e campos de força para movimentação dos elementos etéricos da natureza, foi retirado, e os amuletos, desintegrados. Logo após, esse Espírito foi encaminhado para uma estação transitória de retenção no plano astral, sob a égide da Umbanda.

Orientação

Foi recomendado que a paciente retomasse a assistência médica e procurasse um especialista com maiores conhecimentos de transplante. Ela foi instruída sobre as consequências e sequelas de praticar um suicídio indireto e alertada que, caso venha a desencarnar nas atuais circunstâncias, em nada mudará a sua vida para melhor ao acordar no Além.

Indicada leitura evangélica espírita, com ênfase nas vidas sucessivas e nas leis de causa e efeito que regem o ciclo carnal. A dificuldade de a consulente aceitar esse tipo de orientação se dá por ser ela evangélica, portanto, temos de respeitá-la porque se trata de opção religiosa e exercício do livre-arbítrio.

Percebemos que FDS está procurando a Umbanda e a Apometria como se fossem recursos mágicos milagrosos, que não exigiriam esforço pessoal para a cura. Demonstramos que o amparo espiritual benfeitor não procede dessa forma e que há o merecimento de cada individualidade, que é integralmente respeitado, senão praticaríamos a magia negra, nada mais. Foi enfatizada também a necessidade de retomar a vontade de viver. Reiteramos a importância de realizarem-se novos exames para um outro diagnóstico do câncer, haja vista a longa sobrevida da paciente (dois anos), o que não é comum em casos dessa natureza.

Conclusão e histórico espiritual

Desistindo do tratamento medicamentoso e estando desenganada pelos médicos, a consulente recaiu em comportamento atávico do passado remoto, em que foi uma iniciada nas artes mágicas negras, para conduzir os mortos a renascer no Além poderosos e inabaláveis pela manipulação dos elementos da natureza. A partir daí, recrudesceu a desistência encarnatória e abriu-se sintonia com o mago negro que a odeia pelos sofrimentos por ela provocados no passado.

O câncer nos pulmões é resultado de abuso das energias planetárias e da ressonância dolorosa da lança cravada no peito. Seu corpo astral ficou retido (o desencarne foi violento e demorado) no corpo físico, sentindo a decomposição cadavérica, principalmente nos órgãos respiratórios, que ficaram enregelados pela baixa temperatura até o desenlace final. Isso tudo terminou demarcando-lhe na contextura do corpo astral um vórtice denso que ora se escoa pelo duplo etérico e repercute no físico.

FSD ainda apresenta viciação mental-emocional; o seu corpo mental inferior está "acostumado" a mandar e controlar as emoções, alimentando uma espécie de fulcro energético negativo que cria um descompasso vibratório entre os corpos astral-etérico-físico. Isso a leva a desdobrar-se e a "criar", pela sua educada força mental, atemporal e preexistente, os locais iniciáticos *wicca* do passado nos subplanos astrais que tangenciam a crosta da Terra, atraindo um grupo de Espíritos perturbados que ficaram retidos nesse bolsão plasmado.

Após trinta dias do atendimento, fomos informados de que a paciente estava melhor e aguardava para fazer um transplante de pulmão. É natural nossa expectativa quanto à evolução dos casos atendidos. Reiteramos: a vontade de auxiliar deve pairar distante das motivações de observar e conduzir pesquisas experimentais no campo do mediunismo. Acima de tudo, devemos estar conscientes de que os resultados da caridade a Deus pertencem.

Nota do médium

Cabem maiores elucidações sobre a verdadeira religião wicca. Na atualidade, wicca é uma religião de natureza xamanística, positiva, com duas deidades maiores reverenciadas e adoradas em seus ritos: a deusa (o aspecto feminino, identificado com a Lua e ligado à antiga deusa-mãe em seu aspecto triplo: virgem, mãe e anciã) e seu consorte, o deus cornífero (aspecto masculino, de chifres, representando a masculinidade e ligado ao deus-sol em seu nascer-morrer-renascer constantes). Os seus nomes variam de uma tradição wiccaniana para outra, e algumas se utilizam de outros panteões para representar várias faces e estado de ambos os deuses.

Frequentemente, wicca inclui a prática de várias formas de magia para o bem com propósitos de cura psíquica e física, anulação de negatividades, crescimento espiritual e ritos para harmonização pessoal com o ritmo natural das forças da vida marcadas pelas fases da Lua e pelas quatro estações do ano. Wicca, que também é conhecida como a "arte dos sábios" ou simplesmente "a arte", é considerada por muitos uma religião panteísta e politeísta e faz parte de um ressurgimento atual do paganismo, ou movimento neopagão, como muitos preferem chamar.

A religião wiccaniana é formada de várias tradições como a gardneriana, alexandrina, diânica, faery wicca, wicca, saxônica, céltica e outras, cada qual com suas peculiaridades e maneiras, atendendo assim às necessidades da grande variedade de temperamentos que existem entre as pessoas. Várias dessas tradições foram formadas e introduzidas nos anos 1960, e, embora seus rituais, costumes, ciclos místicos e simbolismos possam ser diferentes uns dos outros, todas se apoiam nos princípios comuns da lei da arte.

Bruxos que se renderam a armadilhas como poder, ego, dinheiro, orgulho, desvirtuaram o verdadeiro intento da arte; isso quando não a renegaram abertamente passando a adorar o demônio ou a fazer críticas contra a arte em que se desenvolveram. Como a arte wicca é uma religião orientada para a natureza, a maioria dos seus membros está envolvida de uma maneira ou de outra com o xamanismo, movimentos ecológicos e reivindicações ambientais atuais. Muitos wiccanos usam um ou mais nomes secretos (também conhecidos como nomes mágicos, ou nome de iniciação) para significar o renascimento espiritual e uma nova vida dentro da arte. Alguns popularizam esses nomes, outros preferem mantê-los em segredo, de acordo com sua vontade e com a tradição a que pertencem.

Os wiccanos não aceitam o conceito arbitrário de pecado original ou do mal absoluto e não acreditam em céu ou inferno. Eles creem que quando morremos vamos para a Terra de Verão (ou Terra da Juventude Eterna), onde recobramos nossas forças e nos tornamos jovens novamente. Os bruxos não praticam qualquer forma de baixa magia, magia negra ou mal. Não cultuam nenhum diabo, demônio ou qualquer entidade do mal e não tentam converter membros de outra fé ao paganismo. Respeitam todas as religiões e acham que a pessoa deve ouvir o "chamado da deusa" e desejar verdadeiramente, dentro do seu coração, sem qualquer influência externa ou proselitismo, seguir o caminho.

Obviamente, como em tudo na evolução do homem, há os desvios na utilização da magia. Não é diferente com a tradição wicca, milenar, que, ao longo da história e até os dias de hoje, sofre com os desvios dos seres humanos, o que também ocorre na Umbanda, no xamanismo e em outras formas de expressão religiosa que utilizam a magia e o mediunismo para evolução consciencial.

17
Relato de caso 8

Consulente: KPS, 25 anos,
sexo feminino, separada, holística

História clínica

Atendimento realizado a distância – a mãe da consulente, que é médium espírita, ficou presente realizando a "ponte" vibratória. A consulente apresenta depressão severa e anorexia nervosa, não consegue alimentar-se e está num quadro geral de abatimento e fraqueza. Nasceu com problema de refluxo e sempre que se coloca diante de uma situação em que fica emocionalmente abalada entra no quadro de anorexia. Há um ano, a doença começou a se agravar, quando estava no auge de sua carreira de modelo fotográfico, e desde a morte de um amigo, que se suicidou recentemente, passou a sentir-se muito culpada, pois teve a premonição de seu desencarne e não pôde fazer nada para impedir.

Iniciou o tratamento médico na França e veio para o Brasil, internando-se no Rio de Janeiro. Está hospitalizada numa clínica onde ficará por um mês. Seu estômago está muito debilitado pela gastrite, emagreceu e encontra-se fragilizada pelo fato de dizerem que seu estado é gravíssimo.

Já fez vários atendimentos espíritas de desobsessão a distância nos últimos trinta dias e nenhum surtiu efeito. No último contato com o centro espírita, os médiuns disseram que era magia negra e que eles não tratavam disso, só faziam trabalho *"light"*. Portanto, ela deveria procurar a Umbanda ou a Apometria, que "eles pegavam no pesado". Assim, a mãe de KPS chegou até o nosso grupo, por indicação de um dirigente de centro espírita.

Fomos informados de que a paciente tem dificuldade quanto à sexualidade e não consegue se relacionar, tendo muita dor e medo durante o ato amoroso, o que a leva a deprimir-se. Isso acabou sendo o principal motivo para a separação matrimonial. Atualmente tem um namorado em Paris, mas também tem dificuldade sexual com ele. Relevante é o fato de que nasceu com os lábios vaginais colados e foi submetida a uma cirurgia reparadora com três meses de idade.

Atendimento, técnicas e procedimentos

Após a contagem inicial para desdobramento dos corpos, nada aconteceu, pois o campo vibratório da consulente estava "inacessível". Então, um dos Caboclos que dão assistência ao grupo manifestou-se e disse que era necessária a realização da queima de um ponto riscado com pólvora, que propiciaria, pelo rápido deslocamento do éter, a desestruturação do baixíssimo campo vibratório que a envolvia, o que não estávamos conseguindo somente com nossa força mental do grupo, mesmo com o apoio dos benfeitores e as contagens apométricas.

Feito isso na frente do congá, imediatamente foi percebida uma faixa de ressonância passada em que KPS era uma espécie de sacerdotisa de uma tribo negra, muito antiga, de aborígenes da Austrália. Para tanto, ela foi consagrada num ritual que exigia que fosse virgem e mantenedora de sua beleza, castidade, poder mental e resistência física, ficando quinze dias sem comer nem beber, utilizando apenas ervas da natureza e isolada dentro de uma caverna escura.

Houve então a despolarização de estímulo de memória e a doação de energias da mata pelos Caboclos de Oxóssi. No ato da despolarização, manifestou-se uma entidade de baixa estatura, aborígene, muita irada, que ainda estava imantada ao campo da paciente, falando mantras do idioma da época, num tipo de reforço de feitiço do passado remoto. Esse Espírito, perdido no tempo, foi encaminhado para o Hospital do Grande Coração.

Logo após, foi percebido um trabalho de magia negra feito para que ela não tivesse vontade de comer, aproveitando-se da faixa de passado ressonante que era potencializada: a consulente encontrava-se hipnotizada numa "sala" de espelhos – cada vez que ela se via refletida, acionava o feitiço mental, reforçando a ideia de não comer, como se estivesse na caverna escura da iniciação no ritual de outrora.

Os espelhos foram rompidos por meio de comando apométrico, que se utilizou de ectoplasma cedido pelos médiuns da corrente. Nesse momento, o Exu Sete Chaves manifestou-se e "aprisionou" o mago negro que estava prejudicando a atendida por forte ódio desde tempos remotos. Essa entidade foi imobilizada e levada para um local de auxílio no umbral, sob a regência de Xangô e seus Caboclos de justiça.

Finalmente, desdobrada, a paciente foi levada para tratamento na mata, para comer frutas e legumes com a vibração de Oxóssi. Quase ao término do atendimento, fixou-se esse painel mental pelas contagens apométricas, concomitantemente ao entoar dos pontos cantados do Congo Velho e de Iansã.

Por último, foi feita uma "limpeza" vibratória no seu quarto do hospital e fixado um campo de força piramidal com dois Exus para sua guarda, enquanto estivesse com a mente e o discernimento embotado.

Orientação

Foi sugerido que a consulente utilize o próprio poder mental de que dispõe para a autocura. Que cuide para não se deixar contaminar pelo meio em que trabalha. Que tenha a convicção de que a beleza física é transitória e que não se deixe escravizar pela indústria da moda. Recomendou-se que ela faça psicoterapia reencarnacionista com profissional de reconhecida capacidade e que eduque a sua mediunidade com o Cristo.

Conclusão e histórico espiritual

Estigma cármico físico, pois nasceu com os lábios genitais colados, formando no futuro núcleo obsessivo com anorexia severa. O sentimento de culpa quanto à sexualidade, sem prazer, deve-se à ressonância vibratória com o passado em que tinha de manter-se virgem para celebrar as liturgias na remota tribo aborígene. Quando começou a sentir-se poderosa em decorrência das conquistas profissionais, sendo de beleza marcante, viu-se despertando os galanteios de muitos homens sedutores que frequentam o meio da moda, o que polarizou a síndrome de ressonância vibratória com o passado. Tudo isso foi aproveitado por mago negro do Astral interior para maltratá-la, provavelmente um antigo desafeto, entre as suas muitas vidas de bela mulher.

Acompanhamento do caso

Três dias após o atendimento, o quadro da paciente evoluiu rapidamente, de maneira muito positiva, sem explicação racional pelos médicos, inclusive contrariando os diagnósticos: KPS caminhava pela clínica, deitava-se ao sol e já estava fotografando muito. Teve autorização médica para almoçar fora num restaurante, onde comeu com muito apetite frutas e legumes. Sua previsão de ficar trinta dias no hospital foi revisada para quinze. Oportunamente, foi-nos comunicado por sua mãe que ela tinha tido alta e que estava fazendo terapia com uma psicóloga.

Por último, recebemos uma foto de KPS por e-mail, tirada em 4 de setembro de 2004, em que ela se encontrava muito feliz com o pai e a mãe no saguão de espera do aeroporto, aguardando o embarque de retorno à França, onde vários compromissos profissionais a esperavam.

Observações do médium

A magia da Umbanda consiste na movimentação intencional das forças sutis da natureza, através da força mental dos sensitivos e Espíritos benfeitores. Essas energias podem ser aplicadas em vários níveis de densidade, conforme a movimentação magística em desenvolvimento e o fim proposto.

A mediunidade na Umbanda é ativa, permeada constantemente por atos de magia. O ato magístico pode se expressar por meio de cânticos sagrados, da emissão de sons relativos à natureza terrestre, ou, em seu aspecto mais depurado, da vocalização de sons especiais de um alfabeto cósmico (mantras), que, ao ser proferidos, atraem as correntes vibratórias correspondentes plasmadas no campo astral. Atualmente são utilizados pontos cantados, que não são mantras, e sim cânticos ou hinos, com função de nos sugestionar mentalmente às vibrações afins de cada Orixá.

O ato magístico tem sua mais profunda representação na Umbanda, por meio de sinais riscados que traduzem para o plano da forma as características de egrégoras firmadas no plano astral, que vibram constantemente nos ritmos e ciclos particularizados na frequência divina de cada Orixá. Por intermédio dessa grafologia, podemos movimentar forças da natureza, invocar a presença astral de entidades superiores e, se necessário, cumprir a determinação dos Espíritos-guias para a execução de certos trabalhos.

Os atos magísticos na Umbanda atuam diretamente no Espírito através dos sete corpos sutis, que são atingidos pelas sete vibrações cósmicas, ditas Orixás. Portanto, mexem com a parte mais essencial do indivíduo, com todo o seu acervo vivencial cármico acumulado desde a queda do reino virginal (da Criação sem contato com a forma) até o reino natural (Universo manifestado na forma).

Complementando o exposto até aqui, cremos que é oportuno para o leitor tecer maiores comentários sobre o ritual de ponto de fogo – ato de magia tradicional na Umbanda que comumente utilizamos em nossos trabalhos de Apometria. O ponto de fogo, ou queima de fundanga (pólvora), serve para descarga, desmancho, desintegração de placas, morbos, miasmas e artificiais.

É importante comentar que a magia, na realidade, é uma ciência natural, baseada em conhecimentos das leis divinas e universais, naturais. Ramatís nos "assopra": "Desde a velha Atlântida, os antigos magos controlavam e comandavam essas forças da natureza, por meio de palavras, que produziam fenômenos pelo processo do som, em suas liturgias, utilizando-se de condensadores energéticos dos quatro elementos planetários – ar, terra, fogo e água".

Em nossos dias, seguimos essa tradição litúrgica na Umbanda. Com essas forças sendo bem coordenadas dentro dos princípios das leis naturais e espirituais, conseguimos atingir o objetivo de fazer o bem àquele que desejamos.

Pelo poder do som, move-se a estrutura do Cosmo, seja em cima como em baixo. Associado à explosão da pólvora, que causa um abrupto deslocamento dos átomos etéricos, desestruturam-se artificiais e campos de forças de baixa densidade, criados pelos magos negros e feiticeiros nos mais diversos tipos de despachos e oferendas, vibrando implantados nas auras dos consulentes e causando os mais inusitados transtornos e doenças, como temos verificado nos últimos atendimentos realizados.

Muitas vezes, nossa força mental, mesmo com o auxílio dos amigos espirituais, não é suficiente, pois somos naturalmente desconcentrados e estamos lidando com magnetismo muito telúrico, fazendo-se necessário o ponto de apoio material para fornecimento da energia afim para interferir nesses trabalhos malévolos em prol da caridade. Essas são as razões dos ritmos, do som, dos pontos cantados, associados ao ponto de fogo na dinâmica dos atendimentos da Umbanda e da Apometria.

Quando realizamos a queima da pólvora, isso é feito com harmonia, pois não se queima nenhum Espírito, como alguns podem pensar. Colocamos uma pequena tábua de madeira no chão, às costas do consulente, que está sentado à frente do congá, no meio da corrente mediúnica. Criamos um campo de força triangular, pelas contagens e pelo estalar de dedos apométricos, que atrai toda a carga (trabalho a ser desfeito) para dentro do círculo dos médiuns. Esse campo de força, plasmado no centro da corrente, cria no Éter e no Astral um triângulo dentro do círculo.

Grafamos com pólvora, em cima da tábua, o ponto do Exu guardião que ampara o grupo. Iniciamos o seu ponto cantado e procedemos à queima. Imediatamente, iniciam-se as manifestações das entidades: sofredores, obsessores, Pretos Velhos, Caboclos, Exus, de acordo com a necessidade de cada consulente.

Ao término dos trabalhos, descarrega-se a pólvora queimada.

18
Relato de caso 9

Consulente: CBD, 35 anos,
sexo feminino, casada, espírita

História clínica

A consulente teve cinco hospitalizações desde fevereiro de 2004 e, atualmente, encontra-se em tratamento neurológico, de síndrome de fibromialgia.[12] Apresenta seguidas dores musculares crônicas. É

---

12 A fibromialgia é considerada uma síndrome porque é identificada mais pelo número de sintomas do que uma má função específica. É caracterizada por dor difusa musculoesquelética, rigidez, fadiga, distúrbios e pontos dolorosos. A dor é geralmente descrita como sensação de queimação "da cabeça aos pés" ou por dor no corpo inteiro. A dor pode mudar de localização e é mais intensa nas partes do corpo usadas com maior frequência. Para alguns pacientes, a dor pode ser intensa o suficiente para interferir nas tarefas diárias, e para outros ser apenas um pequeno incômodo. A fadiga experimentada pode abranger desde uma sensação de cansaço até a exaustão extrema. A dor aumenta ou diminui, mas não vai embora. Geralmente, é acompanhada de depressão e ansiedade, ou a própria doença

orientadora educacional, mas está afastada do trabalho desde o início do ano. Faz acompanhamento psicológico concomitantemente ao medicamentoso. Declarou-nos que tem sensação de que vai morrer a qualquer momento, o que a deixa em pânico, tudo sem uma causa aparente, que consiga compreender à luz da razão.

No percurso para chegar ao grupo, teve início uma dor de cabeça crescente, acompanhada de tontura, que quase a fez bater com o carro.

Atendimento, técnicas e procedimentos

Após desdobramento induzido pelas contagens apométricas, um dos médiuns liberou catarse anímica, em que CBD, numa outra vida, encontrava-se numa mesa, tudo indicando que estava sendo torturada numa espécie de manicômio da Idade Média, em que estavam espetando agulhas em seu corpo. Logo após, todo o grupo começou a sentir muito frio. Concomitantemente, um sensitivo manifestou situação de afogamento, seguida por um violento congelamento, em que o Espírito, apavorado, ficou grudado no corpo físico sentindo aquele frio enlouquecedor.

Ato contínuo, em outra manifestação, foi descrito um barulho de roldanas. A atendida estava presa numa espécie de sala de pedra no interior de um templo, à beira de um rio, que parecia o Nilo, no Antigo Egito. As paredes dessa acomodação iam se estreitando e deixando entrar água, ocorrendo um desencarne por esmagamento físico, sendo que, ao término desse assassinato, os restos cadavéricos foram jogados, por uma comporta, na correnteza do rio.

Todas essas ressonâncias de vidas passadas foram despolarizadas pela estimulação magnética transcraniana. Os Espíritos sofredores presos à consulente pela sintonia vibratória e que estavam criando um

---

leva o paciente a desenvolver esses sintomas. As mulheres são muito mais afetadas, na proporção de um homem para nove mulheres. Os sintomas pioram com o frio e a umidade, tensão e inatividade, e são aliviados por calor, atividade moderada ou relaxamento. Pacientes com síndrome de fibromialgia têm um limiar de dor mais baixo que o normal. Eles frequentemente sentem dor como resposta a estímulos que normalmente não causam dor, isto é, têm hipersensibilidade à dor. Diferentes fatores isolados ou combinados podem desencadear a síndrome de fibromialgia, tais como: doenças, traumas emocionais ou físicos, mudanças hormonais, frio intenso, inatividade, falta de preparo físico etc.

bolsão de torturados foram socorridos e encaminhados ao Hospital do Grande Coração.

Quase ao término do atendimento, a consulente incorporou o Caboclo do Sol, seu protetor, sob os cânticos dessa entidade. Ele deixou mensagem dizendo que desde os idos do velho Egito, das disputas religiosas em prol do monoteísmo e do poder religioso, muitos Espíritos resgatam seus débitos. Afirmou que a mediunidade é tarefa redentora que aproxima no amor seres com laços ancestrais e compromissos evolutivos em comum. Por meio da clarividência, constatamos o lindo penacho dourado que envolvia esse Espírito pele-vermelha, em alguns momentos refletindo intensa luz como se fosse uma miniatura solar.

Orientação

A consulente foi orientada a fazer psicoterapia reencarnacionista de preferência com médico ou psicólogo abalizado, para entender o seu momento existencial, de conformidade com a Lei de Causa e Efeito. Como educadora, aprendeu a controlar as emoções. Então, sugeriu-se que ela reflita se não está cometendo excessos de rigidez ao demonstrar os sentimentos, o que contribui para que se intensifiquem as dores musculares, e que pense também sobre sua mediunidade e os motivos por que sente tanto medo de dar passividade.

Conclusão e histórico espiritual

CBD apresentou três ressonâncias vibratórias com o passado num mesmo atendimento, todas com desencarne abrupto e sofrimentos físicos acompanhados de muita dor. Nessa ocasião, não nos foi dado saber as causas que conduziram a tais efeitos traumáticos na caminhada desse Espírito.

Constatamos que o seu aparente controle, no fundo, está amparado por grande orgulho de mostrar-se frágil, principalmente na frente do esposo, dos filhos e dos colegas de trabalho, pais ou alunos.

Compreendemos que a atual síndrome de fibromialgia é como um grito de alerta do inconsciente, do Espírito imortal, de que algo tem de mudar, para o seu reequilíbrio evolutivo.

De conformidade com a preexistência do Espírito ao atual corpo físico, a Apometria tem se mostrado eficiente tratamento espiritual auxiliar nesses casos de fibromialgia. Muitas vezes, as causas verdadeiras dos sintomas, sem causa aparente, pela diagnose organicista da medicina convencional, encontram-se registradas e ressoando do inconsciente milenar, como traumas de vidas passadas. Isso foi demonstrado no presente relato de caso.

Acompanhamento do caso

Após uma semana do atendimento apométrico, CBD mostra-se bem, sem dor alguma, indo aos passes e assistindo às palestras. É cedo para quaisquer avaliações definitivas, mas com certeza foi-lhe despertado na consciência o caminho a seguir para a sua saúde perene, mental, física e espiritual. Reconhece que sempre teve sensibilidade mediúnica e está avaliando o rumo que dará à educação espiritual.

Na consulta espiritual, incorporou o Caboclo do Sol novamente, o que lhe causou enorme bem-estar, como se fosse uma vibração que a complementa espiritualmente. Isso a fez refletir que, em determinado momento, terá de compartilhar com os necessitados e sofredores essas energias benfazejas de que a benevolência do Alto propicia que ela seja canal na Terra.

Referências

ALUANDA (ARUANDA). *In:* MICHAELIS – Dicionário Brasileiro da Língua Portuguesa. São Paulo: Melhoramentos, 2022. Disponível em: https://michaelis.uol.com.br/moderno-portugues/busca/portugues-brasileiro/aluanda/. Acesso em: 16 fev. 2022.

FERAUDY, Roger. *Umbanda, essa desconhecida*. Limeira, SP: Editora do Conhecimento, 2004.

LUIZ, André; ALTINO (Espíritos). *A 2ª morte*. Psicografado por Américo Rafael Ranieri. Guaratinguetá, SP: EdiFrater, 1997.

RAMATÍS (Espírito). *Eludicações de Umbanda*. Psicografado por Norberto Peixoto. Porto Alegre, RS: Legião Publicação, 2018.

Bibliografia utilizada para a construção do esquema do plano mental e sugerida para aprofundamento sobre os corpos mental inferior e superior

BESANT, Annie. *A vida do homem em três mundos*. São Paulo: Pensamento, 1986.

_____. *O homem e os seus corpos*. São Paulo: Pensamento, 1978.

LEADBEATER, Charles Webste. *Compêndio de teosofia*. São Paulo: Pensamento, 1985.

_____. *A mônada*. São Paulo: Pensamento, 1983.

_____. *A vida interna*. São Paulo: Pensamento, 1983.

POWELL, Arthur. *O corpo causal e o ego*. São Paulo: Pensamento, 1995.

_____. *O corpo búdico*. São Paulo: Pensamento, 1987.

_____. *O corpo mental*. São Paulo: Pensamento, 1985.

_____. *O corpo astral*. São Paulo: Pensamento, 1984.

_____. *O duplo etérico*. São Paulo: Pensamento, 1983.

TAIMNI, Iqbal Kishen. *Autocultura à luz do ocultismo*. Brasília, DF: Teosófica, 1980.

TRILOGIA:
Apometria e Umbanda

Na Trilogia Apometria e Umbanda, a tradicional capacidade de síntese e objetividade de Ramatís, descortina um novo panorama de saberes, fazendo-os compreensíveis a todos os sinceros buscadores de uma nova consciência espiritual para o Terceiro Milênio. A interação que se processa nos planos metafísicos entre a Umbanda, enquanto Ciência de Autorrealização Divina, e a Apometria, técnica avançada para a indução do desdobramento espiritual, é elucidada como instrumento de trabalho dos grupos espiritualistas mediúnicos terrenos, com riqueza de relatos de casos repletos de ensinamentos alicerçados na ética, no amor e na misericórdia do Alto para auxiliar a humanidade.

Trilogia Apometria e Umbanda:

- *Jardim dos Orixás (volume 1);*
- *Apometria e Umbanda (volume 2);*
- *Vozes de Aruanda (volume 3).*

Podem ser lidos nesta sequência ou não, pois os conteúdos se somam.

CONHEÇA OS OUTROS TÍTULOS DA TRILOGIA
APOMETRIA E UMBANDA

Sem dúvida, trata-se de uma obra inestimável de saberes metafísicos e transcendentais, traduzidos pela didática e síntese habitual de Ramatís, para os que buscam o autoconhecimento como via de expansão da consciência, no serviço desinteressado aos semelhantes.

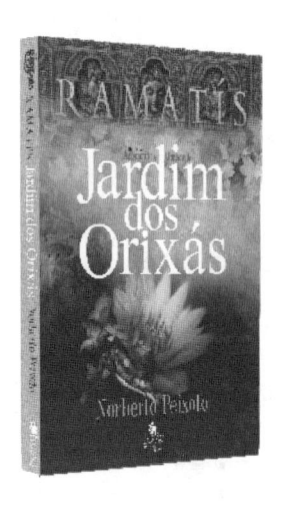

Esta edição de Jardim dos Orixás, com nova revisão ortográfica, aproxima ainda mais o leitor à compreensão das elucidações de Ramatís. Vários recursos utilizados pela Umbanda e pela Apometria na libertação e na cura são analisados aqui em profundidade. As experiências extracorpóreas e as capacidades psíquicas do espírito, dentro do contexto da atuação das falanges de Umbanda e de sua estrutura magística são ilustradas pelo desdobramento do médium que incursiona amparado no Plano Invisível. Os instrumentos utilizados pelos magos das Sombras para buscar o domínio das mentes encarnadas são variados e complexos: a manipulação das formas-pensamentos Artificiais e o "sequestro" de corpos etéricos; a utilização do ectoplasma dos "vivos" e a manutenção dos "centros de vampirização energética" umbralinos, dissimulados nos redutos de prazeres sensuais; a hipnose coletiva cotidiana das multidões imantadas às regiões trevosas durante o sono físico são desvendados com clareza.

Abrindo horizontes para os habitantes do Planeta Azul, esses "novos" caminhos libertadores do Terceiro Milênio se oferecem nesta obra com profundidade e com clareza para a compreensão de qualquer leitor, pela peculiar objetividade, convergência e síntese de Ramatís, que já cativou milhares de aprendizes da Sabedoria Milenar.

Em *Apometria e Umbanda* – a primeira edição desta obra chamava-se *Evolução no Planeta Azul* –, Ramatís nos mostra a interação que se processa nos planos metafísicos entre a Umbanda, enquanto Ciência de Autorrealização Divina, e a Apometria, técnica avançada para a indução do desdobramento espiritual. Ambas são elucidadas como instrumentos de trabalho dos grupos espiritualistas mediúnicos terrenos, ensinamentos práticos alicerçados na ética, no amor e na misericórdia do Alto para auxiliar a humanidade.

LEGIÃO

Saiba mais em
www.legiaopublicacoes.com.br